Integración Sin Costo de JasperReports en Oracle APEX 5.0

Una guía práctica para aprender a crear reportes personalizados listos para imprimir usando el JasperReports Integration kit en Oracle APEX 5.0

por
Ing. Clarisa Maman Orfali

Este libro se lo dedico a mis hijos Melanie y Nicolas por darme la felicidad de tenerlos en mi vida! Hijos míos, nunca se den por vencidos! La vida es un camino hermoso para recorrer, busquen sus sueños y háganlos realidad, nunca es tarde y no hay límites para alcanzar la felicidad! Trabajen con pasión en cada cosa que emprendan en sus vidas y les aseguro que lograrán llegar a la cima del éxito con alegría y satisfacción!

Clarisa Maman Orfali

Sobre la Autora

 **Clarisa Maman Orfali** es Fundadora y Directora de ClarTech Solutions, Inc. una empresa dedicada al desarrollo, la consultoría y la capacitación en Tecnologías de la Información localizada en el Sur de California en Estados Unidos.

Ella es Ingeniera en Sistemas de Información graduada de la Universidad Tecnológica Nacional de Buenos Aires, Argentina. Cuenta con más de 15 años de experiencia en el desarrollo de sistemas de información y consultoría IT.

Se introdujo en las tecnologías Oracle en el año 2009 y, posteriormente, descubrió el gran poder de desarrollo de Oracle Application Express (APEX) y desde entonces, su motivación, al igual que su gran pasión, es aprender y compartir sus experiencias con la comunidad entusiasta de APEX, tanto en Latinoamérica como en el resto del mundo de habla hispana.

De hecho, en el año 2014, fue reconocida como una Oracle ACE, por su trayectoria y conocimientos técnicos especializados en el desarrollo con bases de datos Oracle dentro de la comunidad hispanohablante.

Además es Co-Fundadora del Grupo de Usuarios Oracle de Argentina (AROUG) y ha participado activamente en la organización de grandes eventos sobre tecnologías Oracle.

Clarisa es también autora del primer libro en español de Oracle APEX para la comunidad hispanohablante.

 *Introducción a Oracle APEX 5.0*

Sitio Web del Libro
http://introduccionaoracleapex5.com

Además es autora de varios cursos online impartidos en su academia *online ClarTech Academy* (http://www.clartechacademy.com) sobre Oracle APEX, SQL y otras tecnologías Open Source, entre los que destacan:

- *Aprende a Crear una Aplicación Web con Oracle APEX 4.2*
  Contenido: 62 videos con más de 16 horas de contenido
  (13 videos adicionales como bono).

- *Oracle APEX 4.2 Avanzado – Parte I*
  Contenido: 40 videos con más de 6 horas de contenido.

- *Impresión en Oracle APEX 4.2 con JRI*
  Contenido: 15 videos con más de 2 horas de contenido.

- *Introducción a Oracle SQL*
  Contenido: 41 videos con más de 5 horas de contenido.

Contenidos

Integración Sin Costo de JasperReports en Oracle APEX 5.0

Una guía práctica para aprender a crear reportes personalizados listos para imprimir usando el JasperReports Integration kit en Oracle APEX 5.0

Introducción

Oracle Application Express, es un entorno integrado de desarrollo rápido de aplicaciones web para bases de datos Oracle, el cual nos permite crear aplicaciones robustas con un mínimo de esfuerzo ya que por su entorno declarativo cualquier persona que no tiene experiencia en programación puede crear aplicaciones muy modernas y eficientes.

A lo largo del tiempo, y con el uso de Oracle Apex me fui dando cuenta que uno de los aspectos que más gustaba entre los usuarios de esta herramienta era la gran facilidad para crear todo tipo de reportes para la visualización de los datos en nuestras aplicaciones web, siendo una de las características más potentes que nos brinda Apex es lógico pensar que tan excelente capacidad de elaboración de reportes haga que surja la necesidad de poder imprimirlos desde nuestra aplicación.

Crear reportes listos para imprimir tanto sea en formato PDF o MS Word es un requerimiento común en la mayoría de las aplicaciones. Los típicos usos de reportes para impresión son los del tipo financiero, como por ejemplo las facturas, las órdenes de compra y ventas, los presupuestos, las ventas según un periodo de fecha o diferentes tipos de formularios para la visualización de los datos.

Las capacidades de impresión en Oracle Application Express fueron añadidas en la versión 3.0. Existen diferentes opciones a la hora de imprimir los reportes que realizamos en APEX, como por ejemplo el uso de Apache FOP, Apache Cocoon Framework, Oracle BI Publisher, Java, PL/PDF, JasperReports, etc.

JasperReports es un software libre que nos permite crear informes, donde los ficheros se definen en un xml para posteriormente ser compilado por las librerías JasperReports (.jasper), se usa comúnmente con iReport, una herramienta gráfica de código abierto para la creación y edición de Informes.

Este libro pretende ser una guía práctica, es decir, un "paso a paso", para aprender a crear Informes Personalizados con iReport Designer y conocer cómo el Kit del JasperReports Integration, desarrollado por Dietmar Aust, puede ser usado dentro de nuestras aplicaciones en Oracle Apex para invocar los Informes y mostrarlos en diferentes tipos de formatos de impresión.

Al finalizar con la lectura de este libro, no sólo sabrás todo lo que necesites para crear tus propios reportes personalizados, con imágenes, filtros y mucho más, sino que también tendrás las bases suficientes para explorar nuevas funcionalidades por tu cuenta.

Estas listo para empezar?

Bienvenido al Mundo de Oracle Application Express en Español!

Ing. Clarisa Maman Orfali

1

Instalar Oracle APEX 5.0 en un Entorno de Desarrollo Local

En este capítulo aprenderemos a crear nuestro propio entorno de desarrollo utilizando la arquitectura del Embedded PL/SQL Gateway. Esto será muy práctico para el caso de que quieras hacer las pruebas en un nuevo entorno de desarrollo en alguna máquina virtual.

Además crearemos un espacio de trabajo en APEX para desarrollar la aplicación de ejemplo de este libro.

1.1. Cómo Descargar e Instalar la Base de Datos Oracle XE 11g R2

Asumiendo que estamos trabajando en Windows 7 Enterprise, que es el sistema operativo utilizado para realizar las prácticas de este libro, para descargar la Base de Datos Oracle Express Edition 11g Release 2 hay que realizar las siguientes acciones:

1. Ingresamos la siguiente dirección en nuestro navegador para descargar la base de datos Oracle Express Edition 11g Release 2:
   http://www.oracle.com/technetwork/database/database-technologies/express-edition/downloads/index.html
2. Aceptamos el acuerdo de licencia.
3. Hacemos clic con en el enlace "Oracle Database Express Edition 11*g* Release 2 for Windows x32" (dependiendo si el sistema operativo es 32bit o 64bit).
4. Ingresamos nuestro nombre de usuario y la contraseña. Si no estamos registrados en el sitio oficial de Oracle, nos podemos dar de alta gratuitamente y, posteriormente, continuar con los pasos para descargar la base de datos.
5. Guardamos el archivo *OracleXE112_Win32.zip* en nuestro ordenador.
6. Una vez descargado, lo descomprimimos y lanzamos el asistente que se encuentra dentro de la carpeta DISK1 → setup.exe, para comenzar con la instalación.
7. Seguimos los pasos del asistente para instalar la base de datos en nuestro sistema operativo.

Durante la instalación, el asistente pedirá la confirmación de la contraseña del usuario SYS y SYSTEM y habrá que guardarlo porque será utilizado más adelante, cuando realicemos la actualización de Oracle APEX.

Aquí está el resumen de la instalación realizada en mi entorno local, en el que utilizado el puerto 8080 para desplegar APEX. Así, la URL para conectarnos a nuestro entorno APEX es: http://localhost:8080/apex

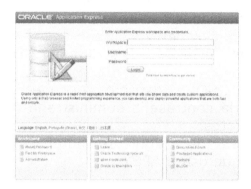

Figura 1.1. *Pantalla de bienvenida APEX 4.0.*

La base de Datos Oracle 11g XE viene con Oracle APEX preinstalado en su versión 4.0.

1.2. Actualizando Oracle APEX 4.0 a la versión 5

Para poder hacer uso de todas las nuevas características que presenta Oracle APEX en su versión 5 necesitamos realizar la pertinente actualización de APEX en nuestra base de datos.

Utilizaremos la arquitectura del Embedded PL/SQL Gateway y tendremos en cuenta los siguientes pasos:

1. Descargamos la última versión de Oracle Application Express desde el Oracle Technology Network (*para el tiempo de la realización de este libro trabajaremos en la versión 5.0*)
   http://www.oracle.com/technetwork/developer-tools/apex/downloads/index.html
2. Aceptamos el acuerdo de la licencia.
3. Como podemos observar, tenemos la opción de seleccionar todos los lenguajes o descargarlos sólo en inglés. Al querer trabajar con la herramienta en español, descargaremos el que corresponde a todos los idiomas: *Oracle Application Express 5.0 - All languages.*

4. Descomprimimos el archivo *apex_5.0.zip* y guardamos su contenido en c:/apex. Es importante que esta carpeta no esté duplicada y que contenga todos los archivos y subcarpetas.
5. Abrimos una ventana de comandos de Windows (CMD) como administrador.
6. Escribimos *cd C:/apex* y <enter>.
7. Estando en c:\apex> escribimos *sqlplus /nolog* y <enter>.
8. En el prompt SQL>, escribimos *connect sys as sysdba* e ingresamos la contraseña suministrada cuando se instaló la base de datos.
9. Luego ingresamos la siguiente sentencia para crear el tablespace que usará APEX.

```
CREATE TABLESPACE APEX
DATAFILE
'C:\oraclexe\app\oracle\oradata\XE\apex_01.dbf'
SIZE 200M REUSE AUTOEXTEND ON NEXT 10M MAXSIZE 1000M
LOGGING
EXTENT MANAGEMENT LOCAL
SEGMENT SPACE MANAGEMENT AUTO;
```

10. Instalamos Oracle APEX ejecutando el siguiente *script* y pasándole los argumentos como se muestra a continuación:
    @apexins.sql tablespace_apex tablespace_files tablespace_temp images

    Donde:

    - *tablespace_apex* es el nombre del *tablespace* que contiene todos los objetos para el usuario de Oracle Application Express.
    - *tablespace_files* es el nombre del *tablespace* que contiene todos los objetos para los archivos del usuario de APEX.
    - *tablespace_temp* es el nombre del *tablespace* temporal de la base de datos.
    - *images* es el directorio virtual para las imágenes de APEX. Oracle recomienda utilizar /i/ para futuras actualizaciones.

Para instalar APEX, necesitamos ubicarnos dentro de la carpeta en la que se encuentra el *script* de instalación, en C:\apex\, y ejecutar lo siguiente:

```
SQL> @apexins APEX APEX TEMP /i/
```

En la documentación de Oracle se utiliza como ejemplo el uso del *tablespace* SYSAUX tanto para el *tablespace* de APEX como para los archivos.

Hay muchas razones por las que no es recomendable utilizar este *tablespace* para la instalación de APEX, como el hecho de que el SYSAUX es un importante *tablespace* de la base de datos en sí mismo. Así, resulta más fácil manejar el tamaño y crecimiento del *tablespace* si es uno creado específicamente para APEX, el DBA puede limpiar viejas versiones de APEX, etc.

El proceso de instalación puede tardar más de una hora, por lo que, simplemente, habrá que tener algo de paciencia y, una vez concluida, se mostrará el mensaje de que se ha desconectado de la base de datos Oracle XE 11g.

11. Volvemos, entonces, a iniciar sesión en el SQL*Plus con las credenciales de SYS DBA y actualizamos la contraseña del usuario ADMIN de APEX (esta debe cumplir la reglas de complejidad, por lo que debe contener, al menos, un carácter de puntuación: (!"#$%&()``*+,-/:;?_).

```
SQL> @apxchpwd.sql
```

12. Ejecutamos el *script* de configuración del PL/SQL Gateway.

```
SQL> @apex_epg_config.sql C:\
```

13. A continuación, ejecutamos el *script* de actualización del directorio virtual de imágenes de APEX.

```
SQL> @apxldimg.sql C:\
```

14. Desbloqueamos las siguientes cuentas:

```
SQL> ALTER USER anonymous ACCOUNT UNLOCK;
SQL> ALTER USER xdb ACCOUNT UNLOCK;
SQL> ALTER USER apex_public_user ACCOUNT UNLOCK;
```

```
SQL> ALTER USER flows_files ACCOUNT UNLOCK;
```

15. Configuramos algunos parámetros de la base de datos para APEX.

```
SQL> SHOW PARAMETER job_queue_processes
SQL> ALTER system SET job_queue_processes=20
scope=both;
SQL> SHOW PARAMETER shared_servers
SQL> ALTER system SET shared_servers=20 scope=both;
```

16. Habilitamos el XML DB HTTP server.

```
SQL> SELECT DBMS_XDB.GETHTTPPORT FROM dual;
EXEC dbms_xdb.sethttpport(8080);
```

Enable remote HTTP connections (optional):

```
EXEC dbms_xdb.setListenerLocalAccess(l_access =>
FALSE);
```

17. Habilitamos el Network Services (ACL) para conceder acceso a cualquier host para APEX_050000.

```
DECLARE
  ACL_PATH VARCHAR2(4000);
BEGIN
  -- Look for the ACL currently assigned to '*' and
give APEX_050000
  -- the "connect" privilege if APEX_050000 does not
have the privilege yet.

  SELECT ACL INTO ACL_PATH FROM DBA_NETWORK_ACLS
   WHERE HOST = '*' AND LOWER_PORT IS NULL AND
UPPER_PORT IS NULL;

  IF DBMS_NETWORK_ACL_ADMIN.CHECK_PRIVILEGE(ACL_PATH,
'APEX_050000',
     'connect') IS NULL THEN
      DBMS_NETWORK_ACL_ADMIN.ADD_PRIVILEGE(ACL_PATH,
     'APEX_050000', TRUE, 'connect');
  END IF;

EXCEPTION
  -- When no ACL has been assigned to '*'.
  WHEN NO_DATA_FOUND THEN

DBMS_NETWORK_ACL_ADMIN.CREATE_ACL('power_users.xml',
     'ACL that lets power users to connect to
everywhere',
```

```
'APEX_050000', TRUE, 'connect');

DBMS_NETWORK_ACL_ADMIN.ASSIGN_ACL('power_users.xml','
*');
END;
/
COMMIT;
```

18. Instalamos Oracle Application Express en español y, para
    ello, configuramos la variable NLS_LANG de nuestro
    sistema operativo.

    ```
    C:\> set NLS_LANG=American_America.AL32UTF8
    ```

Vamos al directorio *apex/builder/es* y abrimos el SQL*Plus
como *sys dba.*
```
SQL> ALTER SESSION SET CURRENT_SCHEMA = APEX_050000;

SQL> @load_es.sql
```

Una vez finalizado el *script* escribimos EXIT y cerramos la
ventana de comando CMD.

1.3. Crear Espacio de Trabajo (Workspace)

1. Abrimos una sesión en nuestro navegador web preferido y
   en la barra de direcciones escribimos:
   http://localhost:8080/apex/apex_admin para acceder al
   panel de control del administrador.
2. En la casilla del usuario, ingresamos "admin" y en la
   casilla de la contraseña ingresamos la contraseña que
   usamos cuando ejecutamos el script (apxchpwd.sql) y nos
   conectamos como Administrador.
3. Hacemos clic en el icono "Gestionar espacios de trabajo".
4. Dentro del recuadro de Acciones de espacio de trabajo,
   seleccionamos la opción "crear espacio de trabajo".
5. En el asistente Crear espacio de trabajo:
   • En el paso Identificar espacio de trabajo:
     – Nombre del espacio de trabajo: CLARTECH
     – Hacemos clic en el botón "siguiente".
   • En el paso Identificar esquema, configuramos los
     siguientes datos para crear un esquema en la base
     de datos. Es decir, un conjunto de metadatos que
     son usados por la base de datos.

- – ¿Desea volver a utilizar un esquema existente? No.
- – Nombre de esquema: CLARTECH
- – Contraseña del esquema: clartech
- – Cuota de espacio (MB): 100 (aceptamos el valor que aparece por defecto)
- – Hacemos clic en el botón "siguiente".
- En el paso Identificar administrador, creamos un usuario que será el administrador del espacio de trabajo donde crearemos la aplicación de ejemplo. Este administrador tendrá el poder de manejar el espacio de trabajo para crear las aplicaciones, identificar usuarios y otras tareas de administración.
  - – Usuario administrador: ADMIN
  - – Contraseña del administrador: mi_password
  - – Correo electrónico: *abc@miemail.com* (se debe incluir un correo propio y activo)
  - – Hacemos clic en el botón "siguiente"
- En el último paso, Confirmar solicitud, verificamos los datos ingresados y hacemos clic en el botón "crear espacio de trabajo" y seguido del botón "listo".
6. En la parte superior derecha, nos desconectamos del espacio de trabajo INTERNAL por medio del botón "desconectar".

1.4. Ingresar al Espacio de Trabajo

Abrimos una sesión en nuestro navegador web y en la barra de direcciones escribimos: http://localhost:8080/apex
Ingresamos las credenciales correspondientes:
- Nombre del Espacio de Trabajo: CLARTECH
- Usuario: ADMIN
- Contraseña: mi_password
Y hacemos clic en el botón "Conectar".

Figura 1.2. *Pantalla de conexión a Oracle APEX 5.0.*

Cambiamos la contraseña por una nueva —como, por ejemplo, mi_nueva_password— e ingresamos a nuestro espacio de trabajo recién creado, en el que y visualizaremos el entorno de desarrollo de Oracle Application Express 5.0, comúnmente llamado "página de inicio de APEX".

Figura 1.3. *Página de inicio de Oracle APEX, en entorno desarrollo.*

La Interfaz de Apex se divide en cuatro grandes módulos:
- Creador de aplicaciones.
- Taller de SQL.
- Desarrollo de equipo.
- Aplicaciones empaquetadas.

En este capítulo hemos visto cómo descargar e instalar Oracle APEX en nuestro ordenador utilizando la arquitectura del Embedded PL/SQL Gateway, que es el entorno de desarrollo para APEX.

Hemos creado también un espacio de trabajo en APEX para trabajar y aprender a diseñar informes personalizados.

2

Desplegar Oracle APEX en un Servidor GlassFish

En este capítulo veremos cómo desplegar nuestra instalación de Oracle APEX en un Servidor GlassFish Open Source Edition.

1.1. Tipos de Web Listener

El Web Listener permite la comunicación entre el browser y los objetos de la base de datos.

Existen tres tipos de Web Listener que podemos elegir para instalar Apex:
- Oracle REST Data Services antes denominado Oracle Application Express Listener
- Oracle HTTP Server
- Embedded PL/SQL Gateway

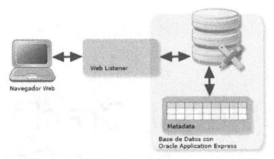

Figura 2.1. *Arquitectura APEX*

Para que podamos usar el JasperReports Integración con Oracle APEX necesitamos algún servidor web que pueda desplegar J2EE; entre las opciones tenemos:

- Oracle WebLogic Server
- Oracle GlassFish Server
- Apache Tomcat.

En este capítulo veremos cómo desplegar Oracle APEX en un Servidor GlassFish, usando la opción Open Source ya que usando la versión Oracle GlassFish Server tiene un costo de licencia asociado.

1.2. Descargar e Instalar el JDK

Ingresamos a la página de Oracle para descargar el JDK.

http://www.oracle.com/technetwork/java/javase/downloads/index.html

Hacemos clic en el icono de Java, aceptamos el acuerdo de licencia, y seleccionamos el que corresponda a nuestro S.O., en mi caso descargaré el de 32bits. (Windows x86: jdk-8u65-windows-i586.exe) en el escritorio y luego instalamos el JDK siguiendo el asistente.

Vamos a configurar la variable de entorno en Windows para poder ejecutar el JAVA sin tener que escribir toda la ruta donde se encuentra el ejecutable.

1.3. Configurar la variable JAVA_HOME en Windows

1. Hacemos clic con el botón derecho del mouse sobre el ícono *My Computer* en nuestro escritorio y seleccionamos *Properties*
2. Hacemos clic en el enlace *Advanced system settings*
3. Hacemos clic en el botón *Environment Variables*
4. En el recuadro *System Variables*, hacemos clic en el botón *New*
5. Ingresamos el nombre de la variable como *JAVA_HOME*
6. Ingresamos el valor de la variable como el path de instalación para el Java Development Kit
   Si el directorio de instalación de Java contiene un espacio en el nombre de la ruta, se debe utilizar el nombre de la ruta más corta (por ejemplo: C:\Progra~1\Java\jdk1.8.0_65).
7. Hacemos clic en *OK*
8. En el recuadro *System Variables*, seleccionamos la variable Path y hacemos clic en el botón *Edit*
9. Nos posicionamos al final de la lista de valores de la variable y agregamos *;%JAVA_HOME%\bin*

Figura 2.2. *Editar Variable de Entorno en Windows*

10. Hacemos clic en OK
11. Cerramos todas las ventanas modales.

1.4. Deshabilitar el Oracle XML DB Protocol Server

Como lo mencioné antes, la instalación que tengo hecha de Apex es usando el Embedded PL/SQL Gateway y para usar el Oracle REST Data Services el cual lo necesita el JasperReports, necesitamos deshabilitar el Oracle XML DB Protocol Server.

Ingresamos a una ventana de comandos del SQL con credenciales de SYS as DBA e ingresamos la siguiente instrucción:

```
SQL> EXEC DBMS_XDB.SETHTTPPORT(0);
```

1.5. Cambiar el Password de APEX_PUBLIC_USER

Ingresamos a una ventana de comandos SQL con las credenciales de SYS as DBA e ingresamos las siguientes sentencias SQL.

```
SQL> ALTER USER APEX_PUBLIC_USER IDENTIFIED BY
nueva_password;
```

Con la siguiente consulta vemos el estatus de la cuenta recién alterada en OPEN

```
SQL> select username, account_status from dba_users;
```

Nota: Debemos tener presente que por defecto en el profile de la base de datos Oracle 11g el parámetro PASSWORD_LIFE_TIME está configurado en 180. Si estamos usando La base de Datos Oracle 11g con Oracle Application Express, esto es causa de que el password de APEX_PUBLIC_USER expire a los 180 días. Como resultado nuestra instancia de Oracle Application Express comenzará a ser inutilizable hasta que no cambiemos la password.

1.6. Configurar RESTful Services

Abrimos una ventana de comandos SQL y nos conectamos con las credenciales de SYS as DBA y ejecutamos el siguiente script:

```
SQL> @C:\apex\apex_rest_config.sql
```

Nota: Indicamos la ruta donde tenemos la instalación de APEX.

Ingresamos las contraseñas para los usuarios: APEX_LISTENER y APEX_REST_PUBLIC_USER y cerramos la ventana.

1.7. Descargar e Instalar el Servidor GlassFish Open Source Edition

Ingresamos al siguiente link para descargar GlassFish Server: https://glassfish.java.net

Hacemos clic en Download

Paso 0: Pre-requisito, tener instalado JDK 7 o superior para instalar GlassFish 4.1.1 (Instalado el JDK 8 u60 y configurado anteriormente)

Paso 1: Descargar Java EE 7 Full Platform *glassfish-4.1.1.zip* en nuestro escritorio.

Paso 2: Copiamos la carpeta zip en el C: y la descomprimimos. Al realizar esta operación se instala el servidor con un dominio predefinido, llamado *domain1*.

Paso 3: Iniciar GlassFish

Abrimos una ventana de comandos CMD y nos posicionamos en el directorio → C:/glassfish4/bin/

Ingresamos el siguiente comando para iniciar el servidor: *asadmin start-domain*

Figura 2.3. *Comando para Arrancar Servidor GlassFish*

Al abrir el navegador web e ingresar en la barra de direcciones http://localhost:8080/ podemos ver que el Servidor está actualmente iniciado.

Para ingresar a la consola de administración del servidor, en la barra de direcciones del navegador ingresamos: http://localhost:4848/

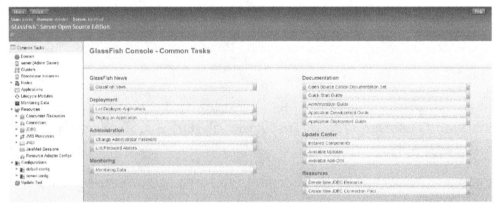

Figura 2.4. *Consola de Administrador del Servidor GlassFish*

1.8. Configurar Usuarios y Roles en GlassFish

Una vez dentro de la consola de administración de GlassFish podremos ver a la izquierda un menú lateral.

Nos dirigimos a *Configurations > default-config > Security* y se muestra la pantalla de seguridad.

Marcamos con un check para habilitar la opción *Default Principal To Role Mapping* y guardamos haciendo clic en el botón *Save.*

Posteriormente vamos a *Configurations > default-config > Security > Realms > file* y hacemos clic en el botón de *Manager Users* donde vamos a crear un usuario admin y otro usuario manager para el Oracle REST Data Services.

Primero creamos el usuario admin con la siguiente configuración:

- User ID: adminlistener
- Group List: Admin
- Password: ingresamos una password

Luego creamos el manager con la siguiente configuración:

- User ID: managerlistener
- Group List: Manager
- Password: ingresamos una password

1.9. Imágenes APEX

Localizamos la carpeta images de la instalación de APEX y copiamos todo su contenido, en el caso usado para este libro la instalación de Apex se encuentra en C:\apex\images.

Buscamos la siguiente localización dentro del directorio de glassfish4:
C:\glassfish4\glassfish\domains\domain1\docroot

Y creamos una carpeta llamada *i*, luego dentro de esa carpeta pegamos todo el contenido de la carpeta images de APEX.

1.10. Descargar e Instalar Oracle REST Data Services

Para que APEX pueda desplegarse en GlassFish necesitamos descargar el Oracle REST Data Services desde el sitio web de Oracle.

http://www.oracle.com/technetwork/developer-tools/rest-data-services/downloads/index.html

Aceptamos el acuerdo de licencia y descargamos el archivo zip en nuestro escritorio.

Una vez finalizada la descarga, copiamos el archivo en la ubicación que deseamos en nuestra PC y lo descomprimimos.

En nuestro caso lo vamos a descomprimir dentro del directorio C: y le voy a colocar el nombre *ords*.

1.11. Configurar Oracle REST Data Services

Cuando se instala el Oracle REST Data Services, los archivos de configuración se instalan en la carpeta /temp/apex de Windows y esa ubicación no es el mejor lugar para disponer de esos archivos, por ello vamos a crear una carpeta que albergue esos archivos de configuración dentro del directorio ords y la llamaremos *config* y en propiedades de la carpeta le damos acceso de escritura.

Por otro lado, por defecto el *context root* para acceder a Oracle Application Express por medio de Oracle REST Data Services es ords, si queremos cambiar el nombre y que sea apex, necesitamos renombrar el archivo *ords.war* que se encuentra dentro del directorio ords por *apex.war.*

Abrimos una ventana de comandos CMD como administrador y nos dirigimos al directorio ords donde hemos descomprimido los archivos del Oracle REST Data Services y ejecutamos la siguiente línea de comandos:

```
C:\ords>java -jar apex.war configdir C:\ords\config
[enter]

PM oracle.dbtools.cmdline.ModifyConfigDir execute
INFO: Set config.dir to C:\ords\config in:
C:\ords\apex.war

C:\ords>
```

Ahora vamos a configurar los detalles de conexión de la base de datos:

```
C:\ords>java -jar apex.war install advanced
Verify ORDS schema in Database Configuration apex with
connection host: localhost port: 1521 sid: xe
Please login with SYSDBA privileges to verify Oracle
REST Data Services schema.
Installation may be required.
Enter the username with SYSDBA privileges to verify
the installation [SYS]: SYS
Enter the database password for SYS: (ingresar el
password)
Confirm password: (confirmar el password)
Nov 18, 2015 8:02:20 PM
oracle.dbtools.rt.config.setup.SchemaSetup
addSchemaPara
ms
```

```
INFO:
Oracle REST Data Services schema does not exist and
will be created.
Enter the default tablespace for ORDS_METADATA
[SYSAUX]:APEX
Enter the temporary tablespace for ORDS_METADATA
[TEMP]: TEMP
Enter the default tablespace for ORDS_PUBLIC_USER
[USERS]:APEX
Enter the temporary tablespace for ORDS_PUBLIC_USER
[TEMP]: TEMP
Nov 18, 2015 8:03:10 PM
oracle.dbtools.installer.Installer installORDS
INFO:
Installing Oracle REST Data Services version
3.0.2.294.08.40
... Log file written to C:\ords\logs\ordsinstall_2015-
11-18_200310_00578.log
... Verified database prerequisites
... Created Oracle REST Data Services schema
... Created Oracle REST Data Services proxy user
... Granted privileges to Oracle REST Data Services
... Created Oracle REST Data Services database objects
Nov 18, 2015 8:03:20 PM
oracle.dbtools.installer.Installer installORDS
INFO: Completed installation for Oracle REST Data
Services version 3.0.2.294.08.
40. Elapsed time: 00:00:09.750
Enter 1 if you wish to start in standalone mode or 2
to exit [1]:2
C:\ords>
```

1.12. Crear Fichero i.war

Es momento de crear nuestro fichero i.war el cual almacenará los datos del directorio /i/ del APEX que ya tenemos instalado. En nuestro caso, Oracle APEX lo tenemos instalado en la ruta C:\apex\.

Ejecutaremos el siguiente comando:

```
C:\ords>java -jar apex.war static C:\apex\images
WAR Generation complete
WAR location     : C:\ords\i.war
Context path     : /i
```

```
Static resources : C:\apex\images
Ensure the static resources are available at path:
C:\apex\images
on the server where the WAR is deployed
C:\ords>
```

<u>Nota:</u> *Es importante destacar que el i.war que se ha creado dentro de la carpeta ords solo contiene las referencias a las imágenes de la instalación de APEX, por ello, es importante no cambiar la ubicación de la instalación de Apex ni tampoco renombrar la carpeta de Apex.*

1.13. Deploy de Oracle APEX en el Servidor GlassFish

Ingresamos a la consola de administración de GlassFish y a la izquierda en el menú lateral, hacemos clic en Applications y luego hacemos clic en Deploy y seleccionamos el archivo apex.war y luego hacemos clic en ok.

   context root: *apex*
   description: *Oracle REST Data Services*

Figura 2.5. *Deploy de Apex en un Servidor GlassFish*

Hacemos lo mismo para el i.war, pero en context root lo dejamos en blanco.

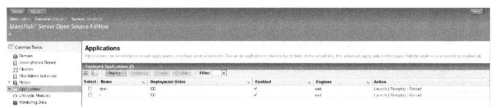

Figura 2.6. *Deploy de Applicaciones en GlassFish*

Por último verificamos que todas las cuentas estén OPEN, para ello desde el SQL Plus o una ventana de comandos SQL iniciamos sesión como SYS as DBA e ingresamos la siguiente consulta:

```
SQL> select username, account_status from dba_users;

USERNAME                           ACCOUNT_STATUS
---------------------------------  -----------------------
---------

CLARTECH                           OPEN
ORDS_PUBLIC_USER                   OPEN
APEX_050000                        OPEN
ORDS_METADATA                      EXPIRED & LOCKED
HR                                 EXPIRED & LOCKED
XDB                                OPEN
ANONYMOUS                          OPEN
FLOWS_FILES                        EXPIRED
APEX_040000                        LOCKED
CTXSYS                             EXPIRED & LOCKED
MDSYS                              EXPIRED & LOCKED
SYS                                OPEN
APEX_REST_PUBLIC_USER              OPEN
APEX_LISTENER                      OPEN
APEX_PUBLIC_USER                   OPEN
SYSTEM                             EXPIRED(GRACE)
XS$NULL                            EXPIRED & LOCKED
OUTLN                              EXPIRED & LOCKED

18 rows selected.
```

Una vez que hemos verificado las cuentas ya podemos ir al panel de administrador de GlassFish y hacemos clic en el enlace Launch (de la aplicación apex) y seleccionamos el primer link http://[nombre_host]:8080/apex

Podemos ver que la página de inicio de Sesión de Apex aparece.

Figura 2.7. Inicio de Sesión en *APEX sobre GlassFish*

La implementación de Java EE ofrece una mayor funcionalidad, como la configuración basada en línea de comandos, seguridad mejorada, caché de archivos y servicios web RESTful, todas estas características no se podrían tener sin este tipo de implementación.

3

Descargar e Instalar JasperReports Integration 2.3.0.1 Kit

En este capítulo aprenderemos a Descargar e Instalar el kit de integración de JasperReports.

Agradecemos al creador del kit el Oracle ACE **Dietmar Aust** por compartir esta herramienta con la comunidad, les dejo el link a su blog personal aquí: http://daust.blogspot.com/

1.1. Descargar el kit de Integración

Desde el siguiente enlace descargamos el kit:
http://www.opal-consulting.de/downloads/free_tools/JasperReportsIntegration/
y seleccionamos el enlace de la versión 2.3.0-beta/ y descargamos en nuestra PC el *JasperReportsIntegration-2.3.0.1.zip*

Descomprimimos el archivo y copiamos toda la carpeta dentro del directorio raíz C:\ eliminando los números de versión en el nombre de la carpeta.

1.2. Parar el Servidor GlassFish

Para bajar o parar el Servidor, abrimos una ventana de comandos CMD como administrador y nos ubicamos dentro de la ruta: C:\glassfish4\bin

```
C:\glassfish4\bin> asadmin stop-domain
```

Figura 3.1. *Bajar el Servicio del Servidor GlassFish*

Ingresamos a la carpeta *JasperResportsIntegration (JRI)* y seleccionamos la carpeta *bin*, dentro de la misma hay varios archivos los cuales vamos a copiar los siguientes archivos: *ojdbc6.jar* y *orai18n.jar* para colocarlos dentro de la instalación de Glassfish.

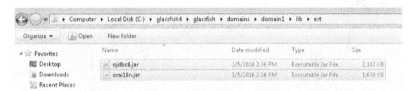

Figura 3.2. *Archivos de la librería del kit de JRI*

Ingresamos al dominio de GlassFish en la siguiente ubicación en nuestro sistema de archivos del explorador de Windows:

`C:\glassfish4\glassfish\domains\domain1\lib\ext`

Y pegamos los dos archivos.

Figura 3.3. *Archivos jar seleccionados*

1.3. Arrancar el Servidor GlassFish

Para arrancar el Servidor, abrimos una ventana de comandos CMD como administrador y nos ubicamos dentro de la ruta: C:\glassfish4\bin

`C:\glassfish4\bin> asadmin start-domain`

Figura 3.4. *Arrancar el Servidor GlassFish*

1.4. Configurar los Data Source en GlassFish

Abrimos una ventana de comandos CMD como administrador y nos ubicamos dentro de la ruta: C:\glassfish4\bin

Ejecutamos la siguiente línea de comandos:

```
C:\glassfish\bin>asadmin create-jdbc-connection-pool -
-datasourceclassname oracle.jdbc.pool.OracleDataSource
--restype javax.sql.ConnectionPoolDataSource --
property
portNumber=1521:password=CLARTECH:user=CLARTECH:server
Name=localhost:databaseName=XE default
```

Figura 3.5. *Crear Connection Pool*

Ingresamos a la consola de administración de GlassFish

http://localhost:4848

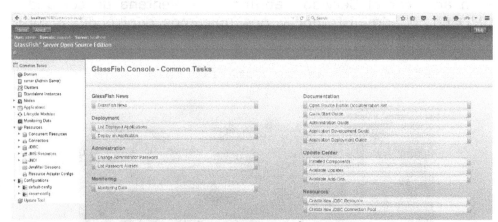

Figura 3.6. *Consola de Administración del Servidor GlassFish*

40

Seleccionamos *Resources ---> JDBC ---> JDBC Connection Pools*

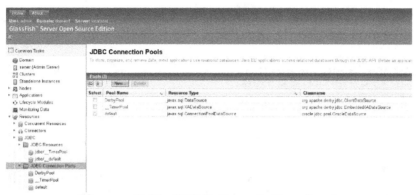

Figura 3.7. *JDBC Connection Pools*

Hacemos clic en el enlace default y luego hacemos clic en la ficha Additional Properties

Añadimos una nueva propiedad, haciendo clic en el botón *Add Property*

- Name: URL
- Value: jdbc:oracle:thin:@//localhost:1521/XE

```
jdbc:oracle:thin:@//[HOST][:PORT]/SERVICE
```

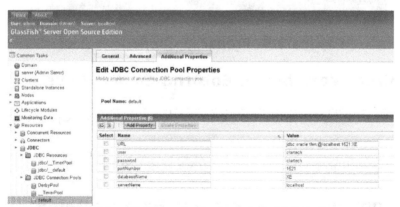

Figura 3.8. Edición de Propiedades del *JDBC Connection Pool*

Guardamos los cambios haciendo clic en el botón *Save* (esquina superior derecha)

Probamos la Conexión

Abrimos una ventana de comandos CMD como administrador y nos ubicamos dentro de la ruta: C:\glassfish4\bin

Ejecutamos la siguiente línea de comandos:

```
C:\glassfish\bin>asadmin ping-connection-pool default
```

1.5. Crear el JDBC Resource

Abrimos una ventana de comandos CMD como administrador y nos ubicamos dentro de la ruta: C:\glassfish4\bin

Ejecutamos la siguiente línea de comandos:

```
C:\glassfish\bin> asadmin create-jdbc-resource --connectionpoolid default jdbc/default
```

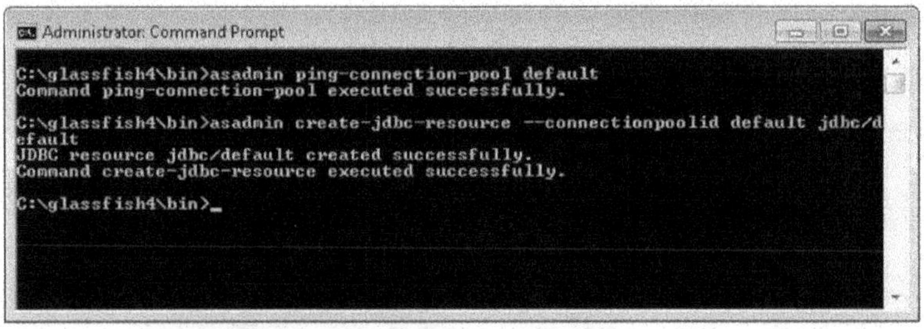

Figura 3.9. Probar la *Connection Pool*

1.6. Crear Variable de Entorno en Windows

Abrimos una ventana de comandos CMD y ejecutamos lo siguiente:

```
SET OC_JASPER_CONFIG_HOME=c:\JasperReportsIntegration
```

1.7. Configurar el Acceso a la Base de Datos

Ingresamos a la siguiente ubicación:
C:\JasperReportsIntegration\conf

Editamos el archivo application.properties con un editor de textos, por ejemplo podemos usar el Notepad++

```
#===========================================================
# JDBC datasource configuration
# http://www.orafaq.com/wiki/JDBC#Thin_driver
# type=jndi|jdbc
#===========================================================
[datasource:default]
type=jdbc
name=default
url=jdbc:oracle:thin:@127.0.0.1:1521:XE
username=my_oracle_user
password=my_oracle_user_pwd
```

Cambiamos el nombre del usuario y el password por el nombre del esquema y el password del esquema de nuestro espacio de trabajo.

```
#===========================================================
# JDBC datasource configuration
# http://www.orafaq.com/wiki/JDBC#Thin_driver
# type=jndi|jdbc
#===========================================================
[datasource: default]
type=jdbc
name= default
url=jdbc:oracle:thin:@localhost:1521:XE
username=CLARTECH
password=CLARTECH
```

Guardamos el archivo y lo cerramos.

1.8. Deploy de la Aplicación JasperReports Integration en GlassFish

Ingresamos a la consola de administración de GlassFish

http://localhost:4848

Hacemos clic en Applications en la lateral izquierda y podemos ver que tenemos desplegado Apex y el archivo i de las imágenes.

Hacemos clic en el botón *Deploy*

En Location: Ingresamos el archivo war ubicado en la siguiente ubicación:
C:\JasperReportsIntegration\webapp\JasperReportsIntegration. war y luego hacemos clic en el botón OK (esquina superior derecha)

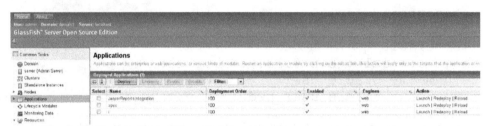

Figura 3.10. Deploy del JapserReportsIntegration .war

Lanzamos la aplicación haciendo clic en el enlace Launch o desde el propio navegador podemos ingresar la siguiente URL:
http://<server>:<port>/JasperReportsIntegration,
especificando nuestro nombre de servidor y el número de puerto.

Se abre la aplicación donde podemos probar que se muestre un archivo PDF de ejemplo.

http://localhost:8080/JasperReportsIntegration

Figura 3.11. Aplicación JapserReportsIntegration 2.3.0.1

Dejamos los valores por defecto y pulsamos en el botón Test Report, podemos ver que se abre el PDF de ejemplo de la aplicación desplegada.

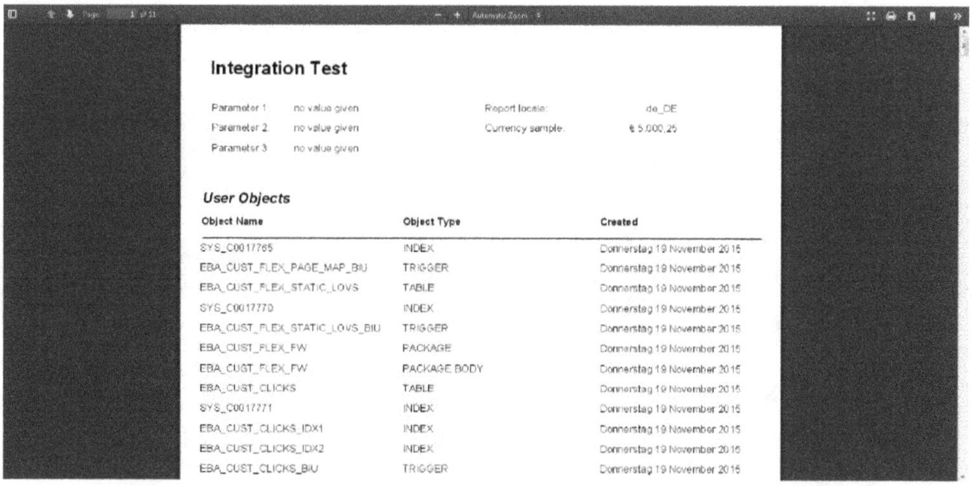

Figura 3.12. *PDF de Ejemplo de la Aplicación Demo*

4

Descargar e Instalar
iReport Designer

En este capítulo veremos cómo descargar e instalar el iReport Designer de la Comunidad de JasperReports.

iReport es una poderosa herramienta de diseño visual para JasperReports y con ella podemos crear informes personalizados para satisfacer los más complejos requerimientos de información, además que es intuitivo, poderoso y muy fácil de usar.

Algunas de las características más destacadas de iReport Designer es el hecho de que es de código abierto y gratuito, maneja el 98% de las etiquetas de JasperReports, permite diseñar rectángulos, líneas, elipses, campos de texto estáticos, posee asistentes que ayudan en la creación y edición de informes, y mucho más.

1.1. Descargar iReport Designer

El link de descarga es:
http://community.jaspersoft.com/project/ireport-designer/releases

Seleccionamos la versión 4.8.0 *(si bien hay una actualización de librerías en la versión 5.0, el kit está probado para que funcione en esta versión de iReport)*
http://sourceforge.net/projects/ireport/files/iReport/iReport-4.8.0/

Figura 4.1. Descargar iReport Designer 4.8.0

Seleccionamos el enlace que corresponde al archivo comprimido iReport-4.8.0.zip

Y si sucede que no nos descarga el archivo hacemos clic en el enlace *direct link* (marcado con una línea roja en la imagen 4.2), y de esa forma se abre la ventana de descarga del archivo.

Figura 4.2. Descargar iReport Designer por Direct Link

Guardamos la carpeta comprimida en nuestra PC y luego la descomprimimos y creamos un acceso directo al escritorio del ejecutable del programa que se encuentra dentro de la carpeta iReport-4.8.0/bin/ireport.exe.

Figura 4.3. Icono Programa iReport Designer

1.2. Compatibilidad de JDK con iReport

El JDK 8 no es compatible con iReport, necesitamos disponer del JDK 7.

Si en nuestra PC no tenemos instalado el JDK 7, ingresamos a la página de Oracle para descargar el kit e instalarlo en nuestra PC.
http://www.oracle.com/technetwork/java/javase/downloads/jdk7-downloads-1880260.html

Seleccionamos el JDK que corresponda a nuestro Sistema Operativo.

El entorno en el cual se trabaja en este libro es Windows 7 de 32bits, entonces descargamos la versión:

jdk-7u79-windows-i586.exe.

Ejecutamos el instalador e instalamos el JDK en nuestra PC.

1.3. Asignar el JDK 7 a iReport

Puede darse el caso de que al hacer doble clic en el icono para abrir el programa de iReport Designer, se muestre el splash de inicio pero finalmente no se abra el programa.

Para que el programa se abra necesitamos indicarle el java home en el archivo de configuración del iReport.

Primero buscamos la ruta del jdk7, el cual para este ejemplo corresponde a:

`C:\Program Files\Java\jdk1.7.0_79`

Luego, ingresamos a la carpeta donde se encuentran los archivos del iReport-4.8.0.-

Por ejemplo si tenemos la carpeta en el escritorio:

`C:\Users\Admin\Desktop\iReport-4.8.0`

Hacemos doble click en la carpeta etc y abrimos con un editor de textos el archivo *ireport.conf*.

Debajo de la línea: *#jdkhome="/path/to/jdk"*

Ingresamos la siguiente línea:

`jdkhome="C:\Program Files\Java\jdk1.7.0_79"`

```
 ireport.conf
 1   # $(HOME) will be replaced by user home directory according to platform
 2   default_userdir="$(HOME)/.$(APPNAME)/5.6.0"
 3   default_mac_userdir="$(HOME)/Library/Application Support/$(APPNAME)/5.6.0"
 4
 5   # options used by the launcher by default, can be overridden by explicit
 6   # command line switches
 7   default_options="-J-Xms256m -J-Xmx512m -J-Dorg.netbeans.ProxyClassLoader.level=1000 -J-XX
 8   # for development purposes you may wish to append: -J-Dnetbeans.logger.console=true -J-ea
 9
10   # default location of JDK/JRE, can be overridden by using --jdkhome <dir> switch
11   #jdkhome="/path/to/jdk"
12   jdkhome="C:\Program Files\Java\jdk1.7.0_79"
13
14   # clusters' paths separated by path.separator (semicolon on Windows, colon on Unices)
15   #extra_clusters=
16
```

Figura 4.4. *Edición del Archivo ireport.conf*

Guardamos el archivo y lo cerramos.

Ahora podemos ejecutar el programa y nos mostrará la página de inicio.

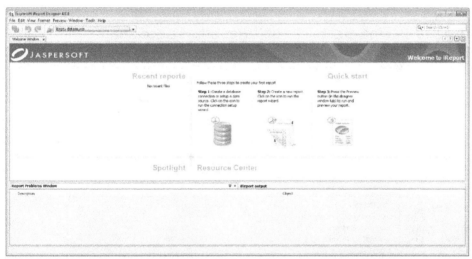

Figura 4.5. *Pantalla de Inicio de iReport Designer*

1.4. Configurar Driver ODBC Oracle en iReport

Ingresamos a la página de inicio del iReport y seleccionamos *Tools* en el menú de opciones y luego seleccionamos Options.

Seleccionamos la ficha Classpath y hacemos clic en el botón *Add JAR.*

Y buscamos el driver ojdbc6.jar dentro de la carpeta C:\JasperReportsIntegration\lib y hacemos clic en el botón Open.

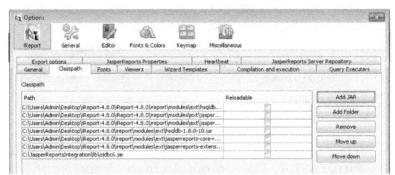

Figura 4.6. *Configurar Driver ODBC en iReport*
Hacemos clic en el botón OK.

1.5. Crear Conexión a la Base de Datos desde iReport

Desde la Página de Inicio del iReport, seleccionamos el *Step 1*, se abre una ventana emergente y seleccionamos la opción Database JDBC connection.

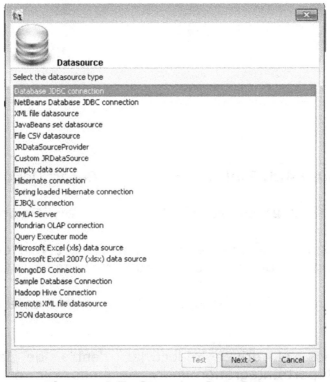

Figura 4.7. Step 1 - *Datasource*

Hacemos clic en el botón Next >

Database JDBC connection:
- Name: apex-demo
- JDBC Driver: Oracle (Oracle.jdbc.driver.OracleDriver)
- JDBC URL: jdbc:oracle:thin:@localhost:1521:XE
- Credentials
    - Username: mi_username
    - Password: mi_password

Probamos la conexión, haciendo clic en el botón Test.

Figura 4.8. *Probar la Conexión del ODBC*

Podemos guardar la conexión haciendo clic en el botón *Save*.

De este modo tenemos todo listo para poder trabajar con iReport y empezar a diseñar reportes profesionales y modernos para nuestra aplicación en Oracle APEX.

5

Instalar Aplicación Demo del JasperReports Integration Kit

En este capítulo veremos cómo instalar la aplicación demo desarrollada en APEX que trae el kit de integración de JasperReports.

1.1. Ejecutar Scripts de Instalación de la Aplicación Demo

Para instalar la aplicación demo del kit de JasperReports Integration, necesitamos instalar los objetos de la base de datos.

Siguiendo la documentación del kit, abrimos una ventana de comandos CMD como administrador y nos ubicamos dentro de la carpeta sql donde está la instalación del kit: C:\JasperReportsIntegration\sql y luego ingresamos al SQLPlus con las credenciales del usuario sys dba.

Ejecutamos el script de instalación:

```
@sys_install.sql [nombre_esquema]
```

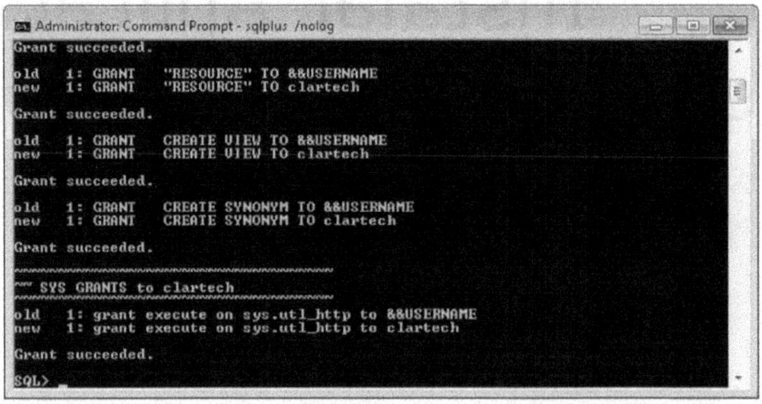

Figura 5.1. *Instalar Objetos del Kit en la Base de Datos*

Luego ejecutamos:

```
@sys_install_acl.sql [nombre_esquema]
```

Nos conectamos al esquema donde trabajaremos con la app de ejemplo, para ello ingresamos:

```
SQL> conn nombre_esquema/password_esquema@SID
```

```
Connected.
```

```
SQL> @user_install.sql
```

Cerramos la ventana de comandos CMD.

1.2. Instalar Aplicación Demo en nuestro Workspace

Desde la página de inicio de Apex, hacemos clic en el icono Creador de Aplicaciones y luego en el icono Importar.

Se abre el asistente y hacemos clic en el botón *Browse...*

Seleccionamos el archivo que se encuentra dentro de la carpeta del JasperReportsIntegration.

```
C:\JasperReportsIntegration\apex\f121_JasperReportsInt
egration-Test_2.3.0.1.sql
```

Seguimos el asistente, indicamos el esquema y que instale la aplicación para ejecutar y editarla y además indicamos que instale los objetos de soporte.

Una vez instalada la aplicación demo, la ejecutamos, como se visualiza en la siguiente imagen.

Figura 5.2. *Aplicación Demo de JasperReports Integration*

En el recuadro de la izquierda debemos configurar el J2EE Server URL.

- Protocol: *http*

- Server: *localhost o la IP de nuestro servidor*
- Port: *8080*
- Context Path: *JasperReportsIntegration*

Hacemos clic en el botón *Set Url*

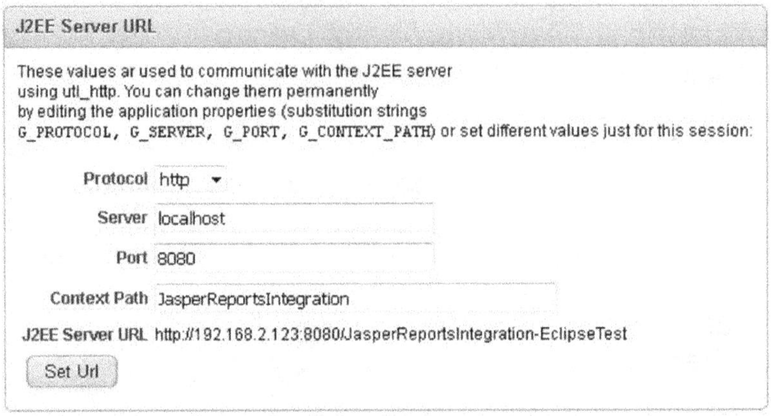

Figura 5.3. *Configuración de la URL del Servidor J2EE*

También podemos configurar permanentemente las variables cambiando los valores de las variables de sustitución dentro de la definición de la aplicación.

Desde la Página de Inicio de la Aplicación, hacemos clic en el botón Editar Propiedades de Aplicación y hacemos clic en la ficha Sustituciones y cambiamos los valores de las variables de sustitución y aplicamos los cambios.

Figura 5.4. *Variables de Sustitución en la Definición de Propiedades de la Aplicación*

1.3. Modificar Procedimiento de Inicialización de la URL

Desde la página de Inicio de la Aplicación, hacemos clic en Componentes Compartidos.

En la Sección Lógica de la Aplicación, hacemos clic en Procesos de Aplicación.

Seleccionamos set *Development environment URLs* y en el recuadro de Código PL/SQL colocamos la IP de nuestro servidor y el Context Path correcto.

En nuestro caso:

```
/*
  this is just a convenience routine during
development, so that I don't have to switch the URLs
all the time.
*/

-- set defaults
:p0_protocol := 'http';
:p0_server := '192.168.1.18';
:p0_port := '8080';
:p0_context_path := 'JasperReportsIntegration';
```

Figura 5.5. *Configuración de la URL del Entorno de Desarrollo*

Y hacemos clic en Aplicar Cambios.

Regresamos a la aplicación y la ejecutamos.

Para verificar que el kit esté correctamente configurado hacemos clic en el menú *Verify Setup*

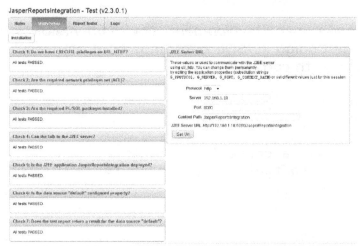

Figura 5.6. *Verificar Configuración de la Aplicación Demo*

Como podemos observar todos los Checks han sido verificados correctamente.

Para probar los reportes que trae de ejemplo la aplicación del kit, hacemos clic en el menú *Report Tester*.

Dejamos los valores por defecto y hacemos clic en el botón *Show Report.*

Y podemos ver que nos muestra el reporte en formato PDF realizado en iReport.

Figura 5.7. *Visualización del Reporte Test de la App Demo*
La aplicación nos provee diferentes formatos de salida como por ejemplo si queremos ver el reporte en formato html2 (new HTMLExporter 5.0)

Integration Test

Parameter 1:	no value given		Report locale:	de_DE
Parameter 2:	no value given		Currency sample:	€ 5.000,25
Parameter 3:	no value given			

User Objects

Object Name	Object Type	Created
SYS_C0017765	INDEX	Donnerstag 19 November 2015
EBA_CUST_FLEX_PAGE_MAP_BIU	TRIGGER	Donnerstag 19 November 2015
EBA_CUST_FLEX_STATIC_LOVS	TABLE	Donnerstag 19 November 2015
SYS_C0017770	INDEX	Donnerstag 19 November 2015
EBA_CUST_FLEX_STATIC_LOVS_BIU	TRIGGER	Donnerstag 19 November 2015
EBA_CUST_FLEX_FW	PACKAGE	Donnerstag 19 November 2015
EBA_CUST_FLEX_FW	PACKAGE BODY	Donnerstag 19 November 2015
EBA_CUST_CLICKS	TABLE	Donnerstag 19 November 2015
SYS_C0017771	INDEX	Donnerstag 19 November 2015
EBA_CUST_CLICKS_IDX1	INDEX	Donnerstag 19 November 2015
EBA_CUST_CLICKS_IDX2	INDEX	Donnerstag 19 November 2015
EBA_CUST_CLICKS_BIU	TRIGGER	Donnerstag 19 November

Figura 5.8. *Visualización del Reporte Test en formato html*

En este punto, tenemos la integración de JasperReports finalizada en nuestro entorno de desarrollo local. En próximos capítulos veremos cómo usar esta integración en nuestras aplicaciones desarrolladas en Oracle APEX 5.0.

6

Crear Reporte Básico en iReport Designer

En este capítulo vamos a aprender a crear un reporte básico usando iReport Designer 4.8.0, para que pueda se invocado más adelante en nuestra aplicación en APEX.

Todos los reportes que vamos a crear a partir de ahora en adelante lo vamos a guardar dentro de la instalación del kit de JasperReportsIntegration, navegamos hacia el directorio reports y allí creamos un nuevo directorio llamado *oracleapex* para que albergue los nuevos reportes.

Ubicación en nuestro sistema de archivos:

C:\JasperReportsIntegration\reports\oracleapex

En el Sistema Operativo Windows le asignamos al directorio que tenga permisos de escritura, es decir, verificamos que el directorio no sea sólo de lectura.

1.1. Crear Reporte Básico en iReport

Hacemos doble clic en el icono del escritorio iReport para lanzar el programa.

Nos conectamos a la base de datos con la conexión creada anteriormente, que la habíamos denominado *apex-demo*.

Hacemos clic en el *Step 2* para crear un nuevo reporte y que se inicie el asistente.

1. Seleccionar Template

Se abre el asistente y seleccionamos el template *Flower Landscape*, y hacemos clic en el botón *Launch Report Wizard*:

2. Nombre y Ubicación

- Report Name: *reporte-empleados-por-departamentos*
- Location: *C:\JasperReportsIntegration\reports\oracleapex*
- File:
  C:\JasperReportsIntegration\reports\oracleapex\reporte-empleados-por-departamentos.jrxml

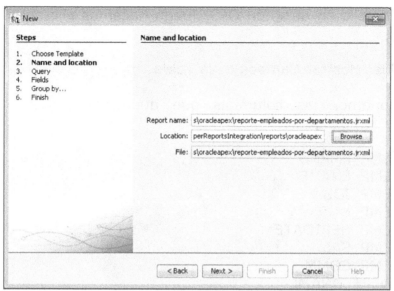

Figura 6.1. *Nombre y Ubicación del Reporte en iReport*

- Hacemos clic en el botón Next >

3. Consulta SQL (Query)

- Connections / Data Sources: apex-demo

- Query (SQL): Hacemos clic en el botón *Design query* y seleccionamos las tablas EMP y DEPT para crear la consulta SQL.

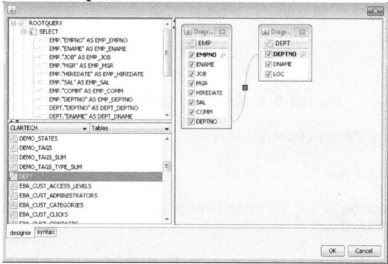

Figura 6.2. *Selección de las Tablas EMP y DEPT*

Hacemos clic en el botón Ok y luego hacemos clic en el botón Next >

4. Fields: Mostrar Campos de la Tabla

Seleccionamos las columnas que queremos mostrar en el reporte como sigue:

- EMP_EMPNO
- EMP_ENAME
- EMP_JOB
- EMP_MGR
- EMP_HERIDATE
- EMP_SAL
- EMP_COMM
- DEPT_DNAME

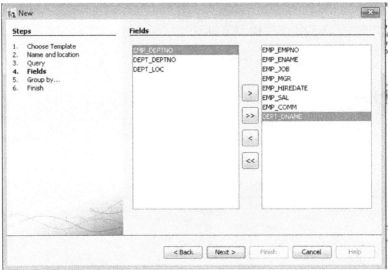

Figura 6.3. *Selección de las Columnas*

Hacemos clic en el botón Next >

5. Agrupar por (Group By...)

En la sección Group by en el Group 1 seleccionamos la columna DEPT_DNAME.

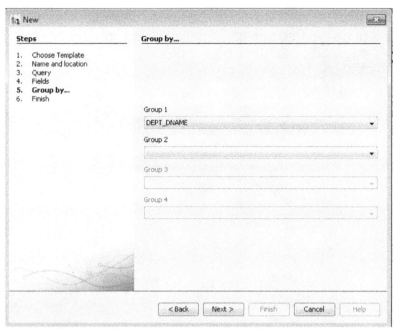

Figura 6.4. *Agrupar por DEPT_DNAME*

Hacemos clic en el botón Next >

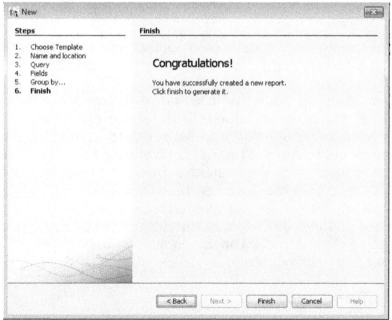

Figura 6.5. *Fin del Asistente de Creación de Reporte*

Finalmente hacemos clic en el botón Finish.

Se abre el IDE del iReport Designer donde visualizamos el reporte y podemos editar cada sección (band) del mismo.

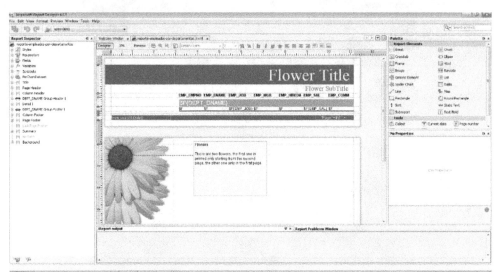

Figura 6.6. *El IDE del iReport Designer*

Nota:
No es objetivo del libro, aprender a utilizar en profundidad todas las características para el diseño de reportes en el iReport Designer 4.8.0.

A continuación, veremos cómo editar el reporte para que podamos mostrarlo en nuestra aplicación en Apex.

Podemos observar que el IDE de iReport tiene 4 paneles iniciales, el panel de la izquierda se refiere al Report Inspector que es el que contiene una lista de todos los archivos y parámetros del reporte. El panel central que es el Diseñador del Reporte, el panel de la derecha que contiene la Paleta de elementos que podemos usar en nuestros reportes y el recuadro donde se muestra las propiedades del elemento activo y finalmente el panel inferior que muestra la salida del reporte y si se tiene algún error. Todas estas ventanas las podemos reordenar a nuestro gusto.

1.2. Editar Reporte

Desde el panel central del diseñador del reporte, eliminamos todos los elementos que pertenecen al background: en primer lugar las dos imágenes de flor, luego las dos líneas horizontales, el gráfico y los dos recuadros de textos. Simplemente seleccionamos los elementos con el mouse y los eliminamos.

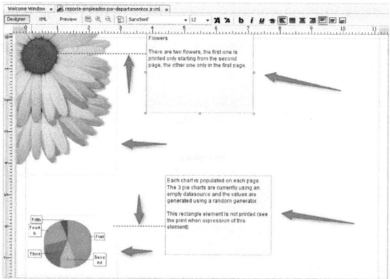

Figura 6.7. *Eliminando Elementos del Background*

Posteriormente ingresamos una imagen de fondo con el logo de APEX.

Hacemos clic en el icono de imagen en el panel de la derecha donde se encuentra la paleta de elementos y lo arrastramos al sector del background en el panel central.

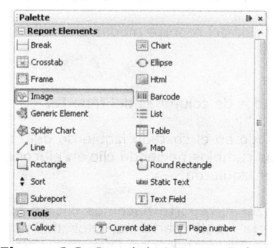

Figura 6.8. *Panel de iconos - Palette*

Ajustamos la medida de la imagen y la desplazamos al borde izquierdo para que no se solape con la tabla del reporte.

Debajo de la Imagen vamos a colocar un texto de ejemplo.

Para ello utilizamos el elemento *Static Text* y lo arrastramos al sector del Background.

Desde el panel de la izquierda podemos cambiar el tipo de letra, el tamaño, la ubicación, además de otras propiedades.

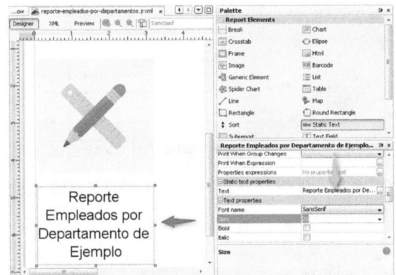

Figura 6.9. *Edición del Reporte Empleados por Depto*

En la parte superior del reporte modificamos:

- Titulo
- Subtitulo
- Encabezados de columnas del reporte.

Colocamos un logo en el costado izquierdo del título del reporte y guardamos los cambios haciendo clic en el icono Guardar en la esquina superior izquierda.

Para pre-visualizar el reporte hacemos clic en el botón *Preview* que se encuentra en la parte superior del panel central del diseñador al lado del icono Report Query.

Figura 6.10. *Reporte Empleados por Depto en iReport*

Una vez creado el reporte se generan dos archivos dentro del directorio reports/oracleapex:

reporte-empleados-por-departamentos.jrxml
reporte-empleados-por-departamentos.jasper

El que vamos a utilizar para llamar desde nuestra aplicación en Apex es el reporte-empleados-por-departamentos.jasper.

1.3. **Mostrar el Reporte en la Aplicación Demo del Kit**

Ejecutamos la aplicación del kit, y luego hacemos clic en el menú *Reporter Tester*.

- Ingresamos en el campo p_rep_name: *oracleapex/reporte-empleados-por-departamentos*

- Seleccionamos en el campo p_rep_format: *pdf*

- En el campo p_data_source verificamos que el nombre sea el que habíamos creado, en este caso *default*.

Hacemos clic en el botón *Show Report.*

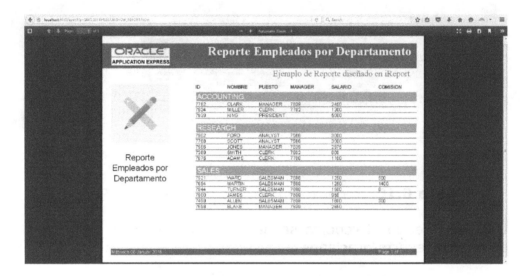

Figura 6.11. *Reporte Empleados por Depto en PDF invocado desde la aplicación demo en Apex*

Como podemos ver, la invocación de los reportes diseñados en iReport es muy sencilla, ya que el kit de JasperReports encapsula todo el trabajo con los paquetes PL/SQL que se instalaron en el esquema de la base de datos de nuestra aplicación, haciendo que todo el proceso sea transparente para el usuario.

7

Integrar y Usar el JasperReports Integration Kit en APEX

1.1. Integrar JasperReports en APEX

Para poder implementar la invocación de nuestros reportes en nuestras aplicaciones desarrolladas en Oracle APEX 5.0 necesitamos hacer uso de un Bloque de Código PL/SQL, que nos provee el kit:

```
begin
    xlib_jasperreports.set_report_url('http://localhost:8080/JasperReportsIntegration/report');
    xlib_jasperreports.show_report (p_rep_name => :p5_rep_name,
                                    p_rep_format => :p5_rep_format,
                                    p_data_source => :p5_data_source,
                                    p_out_filename => :p5_out_filename,
                                    p_rep_locale => :p5_rep_locale,
                                    p_rep_encoding => :p5_rep_encoding,
                                    p_additional_params => :p5_additional_params);

    -- stop rendering of the current APEX page
    apex_application.g_unrecoverable_error := true;
end;
```

Figura 7.1. *Código PL/SQL*

En la siguiente tabla se muestra la descripción de cada uno de los parámetros:

Parámetro	Descripción	Valor por Defecto	Requerido?
p_rep_name	Especifica el nombre del reporte	test	*
p_rep_format	Corresponde al format del reporte, por ejemplo: pdf, html, html2, rtf, xls, jxl, csv, xlsx, pptx or docx	pdf	*
p_data_source	Fuente de Datos configurado, por ejemplo: default, test	default	*
p_out_filename	Se puede especificar un nombre de archivo para la descarga cuando se abre la ventana de diálogo "guardar como"		

p_rep_locale	Cadena de Idioma, compuesto por ISO language code y ISO country code	de_DE	
p_rep_encoding	El parámetro "charset" para el content_type, una lista de entradas válidas pude ser encontrado here. Ejemplo: ISO-8859-15, UTF-8, Windows-1252	UTF-8	
p_additional_parameters	Todos los parámetros se pasan directamente al informe (excluyendo los internos (con el prefijo "_")		

Cuando se instaló los objetos del kit de integración en la base de datos, se instalaron los paquetes y procedimientos que se encargan de la invocación de los reportes y la construcción de la URL.

1.2. Crear la Aplicación para Invocar los Reportes

Vamos a crear nuestra aplicación de Base de Datos para implementar el kit dentro de la aplicación. Al comienzo, esta aplicación estará completamente en blanco, sin datos ni componentes, ya que todo se irá creando y trabajando conforme avancemos en este capítulo.

Para empezar, deberemos situarnos en la página de inicio de APEX y hacer clic en el módulo Creador de Aplicaciones.

Figura 7.2. *Pantalla inicio Oracle APEX*

Iniciaremos, así, el proceso de creación de una aplicación de base de datos con Oracle Application Express.

El siguiente paso será hacer clic en el icono "Crear" para que se abra la ventana correspondiente. Entonces elegiremos el tipo de aplicación que queramos crear:

Figura 7.3. *Asistente Crear una Aplicación*

1. Hacemos clic en el icono "Escritorio".
2. En la pantalla Nombre del asistente, configuramos los siguientes valores:

   - Interfaz de Usuario: Escritorio
   - Esquema: [Nombre_Esquema]
   - Nombre: Demo Reportes
   - Aplicación: 105
   - Tema: Universal Theme (42)
   - Estilo de Tema: Vita
   - Hacemos clic en el botón "Siguiente".

3. En la pantalla Páginas del asistente, aceptamos la página en blanco creada:

   - Página: 1
   - Nombre: Inicio
   - Tipo: En Blanco
   - Modo de Página: Normal

- Tipo de Origen: -
- Origen: -
- Página Principal: -
- Clic en el botón "Siguiente".

4. En la pantalla Componentes Compartidos del asistente, seleccionar:

- Copiar Componentes Compartidos de Otra Aplicación: No
- Hacemos clic en el botón "Siguiente".

5. En la pantalla Atributos, configurar lo siguiente:

- Esquema de Autenticación: Cuentas de Application Express
- Idioma: Español (Alfabeto Tradicional) (es)
- Preferencia de Idioma de Usuario Derivada de: Idioma Primario de la Aplicación
- Formato de Fecha: dejar en blanco.
- Formato de Fecha-Hora: dejar en blanco.
- Formato de Registro de Hora: dejar en blanco.
- Formato de Zona Horaria de Registro de Hora: dejar en blanco.
- Hacemos clic en el botón "Siguiente".

6. En la pantalla Confirmar, verificar la información y hacer clic en el botón "Crear Aplicación".

Figura 7.4. *Aplicación creada correctamente*

En este momento nuestra aplicación está vacía por lo que, si la ejecutamos haciendo clic en el icono "Ejecutar Aplicación", aparecerá la página de inicio de sesión. Deberemos, entonces, escribir el nombre y la contraseña de nuestro usuario ADMIN, correspondiente a nuestro Espacio de Trabajo [NOMBRE_ESPACIO_TRABAJO].

1.3. Editar Página 1 - Inicio

Vamos a crear una región de tipo estático y varios elementos de página para capturar los valores obligatorios como los opcionales que son necesarios para poder invocar a los reportes.

Desde el Diseñador de Páginas de la Página 1

1. En el panel de la izquierda, en la ficha de Presentación, creamos una región de tipo contenido estático llamada *"Mis Reportes"*.
2. Creamos un elemento de página de tipo Campo de Texto, llamado P1_REP_NAME (requerido)
3. Creamos un elemento de página de tipo Lista de Selección, llamado P1_REP_FORMAT (requerido),
   * Lista Estática:
     `STATIC:pdf;pdf,rtf;rtf,xls;xls,html;html,csv;csv`
4. Creamos un elemento de página de tipo Campo de Texto, llamado P1_REP_DATA_SOURCE (requerido)
5. Creamos un elemento de página de tipo Campo de Texto, llamado P1_REP_OUT_FILENAME
6. Creamos un elemento de página de tipo Campo de Texto, llamado P1_REP_LOCATE
7. Creamos un elemento de página de tipo Campo de Texto, llamado P1_REP_ENCODING
8. Creamos un elemento de página de tipo Área de Texto, llamado P1_PARAMETERS
9. Creamos un Botón dentro de la Región "Mis Reportes" que lo llamaremos GENERAR_REPORTE, Debajo de la Región a la Derecha y en la sección Comportamiento, en Acción que se ejecute la página
10. Guardamos los cambios haciendo clic en el botón Guardar

Figura 7.5. *Formulario de llamada de Reportes*

1.4. Crear Proceso para Invocar los Reportes

Desde el Diseñador de Páginas de la Página 1, en el panel de la izquierda, en la ficha de Procesamiento, creamos un proceso de tipo Código PL/SQL llamado Generar Reportes.

En la sección Origen, insertamos el siguiente código PL/SQL:

```
declare
  l_proc varchar2(100) := 'show report';
  l_additional_parameters varchar2(32767);
BEGIN

xlib_jasperreports.set_report_url('http://localhost:80
80/JasperReportsIntegration/report');

-- call the report
  xlib_jasperreports.show_report (
          p_rep_name          => :p1_rep_name,
          p_rep_format        => :p1_rep_format,
          p_data_source       => :p1_rep_data_source,
          p_out_filename      => :p1_rep_out_filename,
          p_rep_locale        => :p1_rep_locale,
          p_rep_encoding      => :p1_rep_encoding);

  apex_application.g_unrecoverable_error := true;

exception
  when others then
    xlog(l_proc, sqlerrm, 'ERROR');
    raise;
end;
```

Indicamos en la sección Condición que:
Cuando se Hace Clic en el Botón: GENERAR_REPORTE

Guardamos el Proceso haciendo clic en el botón Guardar.

El Código PL/SQL invoca un paquete llamado XLIB_JASPERREPORTS, que se instaló cuando instalamos los objetos de la base de datos del kit de integración del JasperReports Integration, el cual se le pasa los parámetros para poder llamar al Reporte seleccionado.

Ejecutamos la aplicación "Reportes Demo"

Ingresamos los parámetros obligatorios:

- Nombre del Reporte: *oracleapex/reporte-empleados-por-departamentos*
- Formato de Archivo: *pdf*
- Fuente de Datos: *default*

Figura 7.6. *Invocar Reporte creado en iReport*

Y hacemos clic en el botón GENERAR REPORTE

Figura 7.7. Visualización del *Reporte en PDF creado en iReport*

Como podemos observar nuestra aplicación invocó al reporte que habíamos creado con iReport sin ningún tipo de problema.

8

Crear Reporte Parametrizado en iReport

En este capítulo vamos a crear un reporte parametrizado en iReport Designer usando las tablas EMP y DEPT de la base de datos. Nuestro reporte se filtrará con un parámetro que será el nombre del departamento el cual está asignado el empleado.

1.1. Crear Reporte Parametrizado

Hacemos doble clic en el icono de iReport para lanzar el programa.

Nos conectamos a la base de datos con la conexión creada anteriormente, que la habíamos denominado apex-demo.

Hacemos clic en el *Step 2* para crear un nuevo reporte y que se inicie el asistente.

1. Choose Template: Flower Landscape, y hacemos clic en el botón Launch Report Wizard
2. Name and Location:
    - Report Name: *reporte_parametro*
    - Location: *C:\JasperReportsIntegration\reports\oracleapex*
    - File: *C:\JasperReportsIntegration\reports\oracleapex\reporte_parametro.jrxml*
      Hacemos clic en el botón Next >
3. Query:
      Hacemos clic en el botón Design query y seleccioanmos nuestro esquema y luego las tablas EMP y DEPT, posteriormente hacemos clic en el botón Ok.
      Hacemos clic en el botón Next >
4. Fileds:
      Mostramos los siguientes campos:
      - EMP_EMPNO
      - EMP_ENAME
      - EMP_JOB
      - EMP_MGR
      - EMP_SAL
      - EMP_COMM
      Hacemos clic en el botón Next >

5. Group by... No seleccionamos nada y hacemos clic en el botón Next >
6. Finish: Hacemos clic en el botón Finish

Eliminamos todos los elementos del Background y editamos el título, subtitulo y los encabezados de columnas del Reporte.

1.2. Crear Parámetro para Filtrar el Reporte

Desde el iReport en la panel de la izquierda en Report Inspector, expandimos los Parameters haciendo clic en la cruz (+) y seleccionamos Add Parameter.

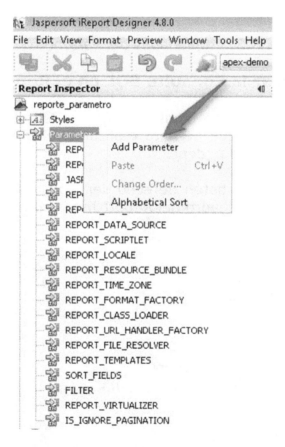

Figura 8.1. *Añadir Parámetro en un Reporte*

Ingresamos los siguientes datos en las propiedades del parámetro:

- Name: *p_dept*
- Parameter Class: *java.lang.String*
- Use as a promp: *No Check*

Guardamos el Reporte.

<u>Nota</u>: *El kit solo acepta el tipo de parámetro String.*

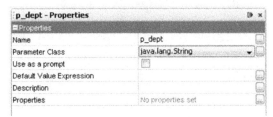

Figura 8.2. *Propiedades del Parámetro p_dept*

1.3. Modificar la Consulta SQL en el Reporte

Necesitamos modificar la consulta SQL del reporte para agregar la cláusula WHERE que permita realizar el filtro del reporte por medio del parámetro p_dept.

Hacemos clic con el botón derecho del mouse sobre el nombre del Reporte en el recuadro del *Report Inspector* y seleccionamos *Edit Query*:

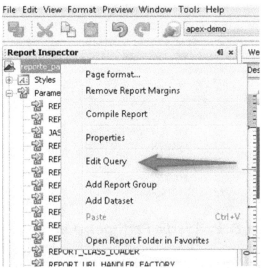

Figura 8.3. *Editar Query del Reporte*

Se abre una ventana modal y en ella agregamos a la consulta SQL la siguiente línea:

WHERE DENAME = $P{p_dept}

Y Hacemos clic en el botón Ok.

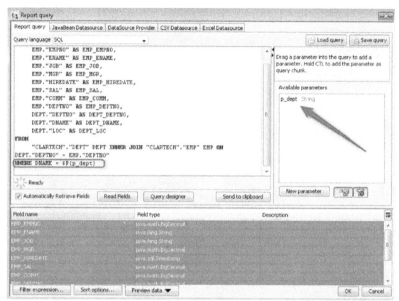

Figura 8.4. *Añadir cláusula WHERE en la Consulta SQL*

1.4. Crear Proceso para Invocar los Reportes con Parámetros

Desde el Diseñador de Páginas de la Página 1, en el panel de la izquierda, en la ficha de Procesamiento, creamos un proceso de tipo Código PL/SQL llamado Generar Reportes con Parámetros.

En la sección Origen, insertamos el siguiente código PL/SQL:

```
declare
  l_proc varchar2(100) := 'show report';
  l_additional_parameters varchar2(32767);
BEGIN

xlib_jasperreports.set_report_url('http://localhost:80
80/JasperReportsIntegration/report');
-- construct addional parameter list
```

```
    l_additional_parameters    :=        'p_dept='        ||
apex_util.url_encode(:p1_rep_parameters);

-- call the report and pass parameters
  xlib_jasperreports.show_report (
          p_rep_name           => :p1_rep_name,
          p_rep_format         => :p1_rep_format,
          p_data_source        => :p1_rep_data_source,
          p_out_filename       => :p1_rep_out_filename,
          p_rep_locale         => :p1_rep_locale,
          p_rep_encoding       => :p1_rep_encoding,
          p_additional_params  =>
l_additional_parameters);

  apex_application.g_unrecoverable_error := true;

exception
  when others then
    xlog(l_proc, sqlerrm, 'ERROR');
    raise;
end;
```

Indicamos en la sección Condición que: Cuando se Hace Clic en el Botón: GENERAR_REPORTE_PARAMETRIZADO

Guardamos el Proceso haciendo clic en el botón Guardar.

Podemos ver en el código PL/SQL que se agregó el parámetro p_additional_params el cual toma el valor de la variable l_additional_parameters y que ésta a su vez toma el valor de p_dept.

1.5. Crear Botón Generar Reporte Parametrizado

Creamos un botón que lo llamaremos GENERAR REPORTE PARAMETRIZADO para llamar al procedimiento y muestre el reporte filtrado.

1.6. Invocar Reporte Parametrizado desde APEX

Ejecutamos la aplicación e ingresamos los datos obligatorios, como sigue:
  * Nombre del Reporte: *oracleapex/reporte-parametro*
  * Formato de Archivo: *pdf*

- Fuente de Datos: *default*
- Parámetros: *ACCOUNTING*

Es importante destacar que debemos ingresar el parámetro tal cual como está en la base de datos, es decir si está todo en mayúsculas, así es como debemos pasarlo al procedimiento.

Figura 8.5. *Invocar Reporte parametrizado desde Apex*

Hacemos clic en el botón GENERAR REPORTE PARAMETRIZADO

Figura 8.6. *Visualización del Reporte Parametrizado invocado desde la aplicación en Apex*

De esta forma hemos aprendido a filtrar el reporte desde APEX conectando el valor con el parámetro de iReport.

El gran poder de trabajar con iReport y elaborar diferentes tipos de reportes visualmente atractivos e informativos hace de esta herramienta una muy buena alternativa para crear reportes profesionales y elegantes listos para imprimir.

9

Crear Reporte con Imágenes de la Base de Datos en iReport Designer

En este capítulo vamos a crear un reporte que tendrá una columna en la cual se mostrará la imagen del producto que se encuentra almacenada en la base de datos.

Para ello vamos a utilizar la tabla DEMO_PRODUCT_INFO que pertenece a la aplicación demo de base de datos de Oracle Apex.

1.1. Crear Reporte con una Columna de Tipo Imagen

Hacemos doble clic en el icono de iReport para lanzar el programa.

Nos conectamos a la base de datos con la conexión creada anteriormente, que la habíamos denominado apex-demo.

Hacemos clic en el *Step 2* para crear un nuevo reporte y que se inicie el asistente.

1. Choose Template: Cherry Landscape, y hacemos clic en el botón Launch Report Wizard
2. Name and Location:
    - Report Name: *listado_productos*
    - Location: *C:\JasperReportsIntegration\reports\oracleapex*
    - File: *C:\JasperReportsIntegration\reports\oracleapex\listado_productos.jrxml*
    Hacemos clic en el botón Next >
3. Query:
    Ingresamos la siguiente consulta SQL en el recuadro Query (SQL)

```
SELECT
     DEMO_PRODUCT_INFO."PRODUCT_ID" AS PRODUCTO,
     DEMO_PRODUCT_INFO."PRODUCT_NAME" AS NOMBRE,
     DEMO_PRODUCT_INFO."PRODUCT_DESCRIPTION" AS
DESCRIPCION,
     DEMO_PRODUCT_INFO."CATEGORY" AS CATEGORIA,
     DEMO_PRODUCT_INFO."PRODUCT_AVAIL" AS
DISPONIBLE,
     DEMO_PRODUCT_INFO."LIST_PRICE" AS PRECIO,
     DEMO_PRODUCT_INFO."PRODUCT_IMAGE" AS IMAGEN
```

```
FROM
     "CLARTECH"."DEMO_PRODUCT_INFO"
DEMO_PRODUCT_INFO
```

Hacemos clic en el botón Next >

4. Fields:

Mostramos todos los campos

Hacemos clic en el botón Next >

5. Group by... No seleccionamos nada y hacemos clic en el botón Next >

6. Finish: Hacemos clic en el botón Finish

Editamos el título y el subtítulo y el tamaño de fuente para que se visualice correctamente en el Reporte.

1.2. Columna de Tipo Imagen

Eliminamos el valor de la columna Imagen, seleccionamos ""+$F{IMAGEN} y lo eliminamos.

Figura 9.1. *Eliminar Valor de la Columna Imagen*

Hacemos clic en el elemento Imagen del panel de la derecha "Report Elements" y lo arrastramos y soltamos en la posición del valor de la imagen, debajo del título IMAGEN, se abrirá la ventana de diálogo para seleccionar una imagen, simplemente cerramos la ventana sin seleccionar ninguna imagen.

Es posible que tengamos que reducir el tamaño de la imagen y agrandar el espacio de toda la fila de valores del reporte.

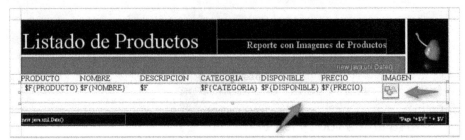

Figura 9.2. *Insertar Elemento Imagen en la Columna Imagen*

Seleccionamos el elemento Imagen y en la sección de Propiedades de la Imagen, hacemos clic en el botón de 3 puntos suspensivos en Image Expression, se abre una ventana modal y hacemos doble clic sobre el campo IMAGE Field BLOB del recuadro central inferior para que se muestre en el recuadro superior y hacemos clic en el botón Ok.

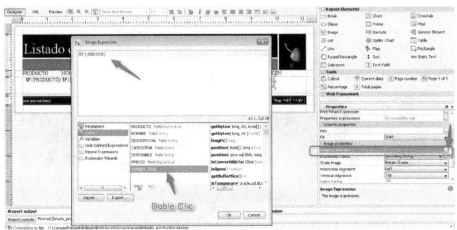

Figura 9.3. *Editar Propiedades de la Imagen*

Podremos ver que se cargó la Expresión: *$F{IMAGEN}* en Image Expression.

Y en Expression Class le asignamos: *java.io.InputStream*

En el panel de la Izquierda "Report Inspector" Seleccionamos y expandimos *Fields* y hacemos clic en el campo IMAGEN

Figura 9.4. *Campo Imagen en el Report Inspector*

En el Panel de la derecha en propiedades del campo, configuramos Field Class: java.io.InputStream.

Y recompilamos el Reporte haciendo clic en el icono ubicado en el menú de íconos.

Figura 9.5. *Re-compilar el Reporte*

Pre-visualizamos el Reporte y podemos ver que se muestran las imágenes que están guardadas en la base de datos.

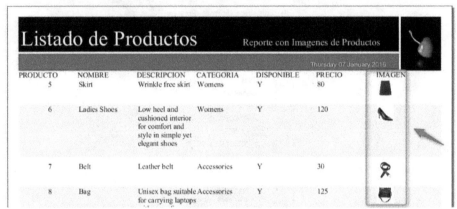

Figura 9.6. *Listado de Productos con Imágenes*

1.3. Filtrar Reporte por Categorías

Creamos un parámetro que sea la categoría del producto. Llamaremos al parámetro p_category.

Editamos la consulta SQL del Reporte agregando el parámetro en la cláusula WHERE.

WHERE CATEGORY = $P{p_category}

Re-compilamos y pre-visualizamos el reporte.

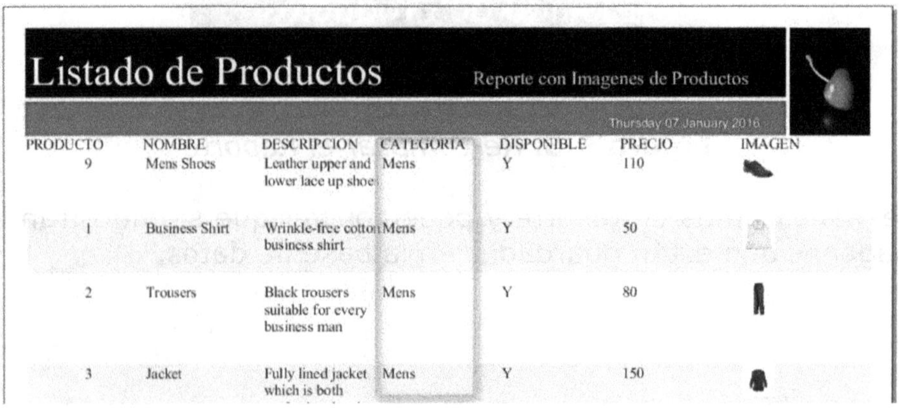

Figura 9.7. *Listado de Productos con Imágenes Filtrado por Categoría*

1.4. Crear Informe Clásico en la Aplicación de APEX

Ingresamos a nuestra aplicación "Demo Reportes" y creamos una nueva página de tipo Informe Clásico.

La Consulta de Origen es:
```
select product_id
, product_name Nombre
, product_description as Descripción
, dbms_lob.getlength("PRODUCT_IMAGE") "PROD IMAGE"
, product_avail Disponible
, list_price Precio
from DEMO_PRODUCT_INFO
where category = :P3_CATEGORY
```

Y en la sección Configuración, indicamos en Acción de Página al Seleccionar sea Submit Page.

1.5. Crear Elemento de Página

Creamos un elemento de Página de tipo Lista de Selección llamado PX_CATEGORY para que sea el filtro del reporte.

1.6. Editar Elemento de Tipo BLOB - PROD_IMAGE

Editamos el elemento PRODUCT_IMAGE, y en Tipo le asignamos que sea Mostrar Imagen.

En la Sección Atributos BLOB, configuramos lo siguiente:

- Nombre de la Tabla: DEMO_PRODUCT_INFO
- Columna BLOB: PRODUCT_IMAGE
- Columna Clave Primaria: PRODUCT_ID
- Columna de Tipo MIME: MIMETYPE
- Columna de Nombre de Archivo: FILENAME
- Última Columna Actualizada: IMAGE_LAST_UPDATE

En la Sección Apariencia asignamos que la disposición del Contenido sea "En Línea".

1.7. Crear Elemento de Página de Tipo Lista de Selección

Para poder filtrar el Informe por las categorías de productos, vamos a crear un elemento de tipo Lista de Selección que contenga una lista estática con las categorías de los productos.

Nota: En este caso usaremos una lista estática porque no tenemos una tabla separada de categorías en el modelo de datos de la aplicación, ya que si la tuviéramos usaríamos una lista de tipo dinámica.

Lista Estática:
`STATIC:Womens;Womens,Mens;Mens,Accessories;Accessories`

Figura 9.8. *Informe Clásico de Productos por Categoría*

1.8. Crear Botón Imprimir

Para poder llamar al reporte que realizamos anteriormente en iReport Designer del listado de Productos, necesitamos tener un botón que realice la llamada, lo llamaremos "Imprimir Listado".

1.9. Crear Procedimiento para Imprimir Reporte

Para poder mostrar el reporte creado en iReport, necesitamos crear el procedimiento que realizará la llamada y construirá la URL que permita mostrar el reporte en nuestra aplicación en APEX.

Desde el Diseñador de Páginas de la Página 2, en el panel de la izquierda, en la ficha de Procesamiento, creamos un proceso de tipo Código PL/SQL llamado "Generar Listado de Productos".

En la sección Origen, insertamos el siguiente código PL/SQL:

```
declare
  l_proc varchar2(100) := 'show report';
  l_additional_parameters varchar2(32767);
BEGIN
  xlib_jasperreports.set_report_url

('http://localhost:8080/JasperReportsIntegration/repor
t');

 -- construct addional parameter list
  l_additional_parameters     :=     'p_category='     ||
apex_util.url_encode (:p3_category);

-- call the report and pass parameters
  xlib_jasperreports.show_report (
        p_rep_name                              =>
'oracleapex/listado_productos',
        p_rep_format                            =>
xlib_jasperreports.c_rep_format_pdf,
        p_data_source          => 'default',
        p_additional_params                     =>
l_additional_parameters);

  apex_application.g_unrecoverable_error := true;

exception
  when others then
    xlog(l_proc, sqlerrm, 'ERROR');
    raise;
end;
```

Indicamos en la sección Condición que:
Sí se Hace Clic en el Botón: IMPRIMIR_LISTADO

Guardamos el Proceso haciendo clic en el botón Guardar.

Ejecutamos la página y hacemos clic en el botón IMPRIMIR LISTADO y podemos ver que el listado se muestra en PDF con el filtro que hemos seleccionado.

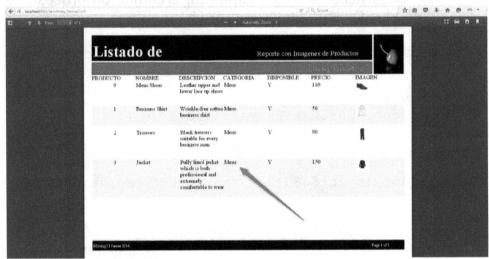

Figura 9.9. *Listado de Productos en PDF listo para Imprimir*

1.10. Pasar Múltiples Parámetros a un Reporte

Puede darse el caso que necesitemos filtrar nuestro reporte por más de un parámetro.

Vamos a crear un ejemplo en el que mostremos el listado de productos por categoría y disponibilidad.

Ingresamos a iReport Designer y abrimos el Reporte Listado de Productos.

Añadimos un parámetro que lo llamaremos p_avail.

Figura 9.10. *Añadir nuevo parámetro en iReport*

Seleccionamos el Reporte desde el Report Inspector y modificamos la Consulta SQL.

```
SELECT
     DEMO_PRODUCT_INFO."PRODUCT_ID" AS PRODUCTO,
     DEMO_PRODUCT_INFO."PRODUCT_NAME" AS NOMBRE,
     DEMO_PRODUCT_INFO."PRODUCT_DESCRIPTION" AS
DESCRIPCION,
     DEMO_PRODUCT_INFO."CATEGORY" AS CATEGORIA,
     DEMO_PRODUCT_INFO."PRODUCT_AVAIL" AS DISPONIBLE,
     DEMO_PRODUCT_INFO."LIST_PRICE" AS PRECIO,
     DEMO_PRODUCT_INFO."PRODUCT_IMAGE" AS IMAGEN
FROM
     "CLARTECH"."DEMO_PRODUCT_INFO" DEMO_PRODUCT_INFO
WHERE CATEGORY = $P{p_category} and PRODUCT_AVAIL =
$P{p_avail}
```

Para probar el Reporte en Apex, necesitamos modificar algunos registros de la tabla DEMO_PRODUCT_INFO para que algunos productos no estén disponible, colocando en el campo PRODUCT_AVAIL, la letra N.

Ingresamos a la Página donde tenemos el Listado de Productos para crear un nuevo Elemento de Página de tipo Lista de Selección para que muestre Si/No.

Modificamos la Consulta SQL del Informe Clásico, agregando en la cláusula WHERE el nuevo filtro.

```
select product_id
, product_name Nombre
, product_description as Descripción
, dbms_lob.getlength("PRODUCT_IMAGE") "PROD IMAGE"
, product_avail Disponible
, list_price Precio
```

```
from DEMO_PRODUCT_INFO
where category = :P3_CATEGORY
AND product_avail = :P3_AVAIL
```

Figura 9.11. *Listado de Productos con dos Filtros*

1.11. Modificar Procedimiento "Generar Listado de Productos"

Para que en el Reporte se apliquen los dos filtros, necesitamos modificar el Código PL/SQL del procedimiento, como se muestra a continuación:

```
declare
  l_additional_parameters varchar2(32767);
BEGIN
  -- set the url for the j2ee application
  -- better retrieve that from a configuration table

xlib_jasperreports.set_report_url('http://localhost:80
90/JasperReportsIntegration/report');

  -- construct addional parameter list
```

```
  l_additional_parameters := 'p_category=' ||
apex_util.url_encode(:p3_category);
  l_additional_parameters := l_additional_parameters
|| '&p_avail=' || apex_util.url_encode(:p3_avail);

-- call the report and pass parameters
  xlib_jasperreports.show_report (
        p_rep_name             =>
'oracleapex/listado_productos',
        p_rep_format           =>
xlib_jasperreports.c_rep_format_pdf,
        p_data_source          => 'default',
        p_additional_params    =>
l_additional_parameters);

-- stop rendering of the current APEX page
  apex_application.g_unrecoverable_error := true;
end;
```

Podemos ver cómo concatenar los parámetros usando la variable l_additional_parameters.

Hacemos clic en el botón Imprimir Listado y podemos ver el resultado.

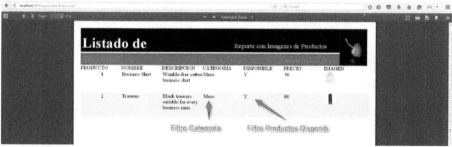

Figura 9.12. *Reporte en iReport con dos parámetros*

Diseñar reportes con diferentes tipos de filtros es muy común en aplicaciones web, por ello, el aprender cómo podemos pasar varios parámetros dentro de nuestra consulta SQL en iReport nos dará la posibilidad de crear reportes altamente sofisticados para que sean invocados dentro de nuestras aplicaciones en APEX.

10

Crear Reporte de Tipo Gráfico en iReport e Invocarlo en APEX

En este capítulo veremos cómo crear un Gráfico en iReport Designer para que pueda ser llamado desde nuestra aplicación en Apex 5.0.

1.1   Crear Reporte Gráfico en iReport

Hacemos doble clic en el icono para lanzar el programa.

Nos conectamos a la base de datos que la habíamos denominado apex-demo.

Hacemos clic en el *Step 2* para crear un nuevo reporte y que se inicie el asistente.

1. Choose Template: Blank A4 Landscape, y hacemos clic en el botón Launch Report Wizard
2. Name and Location:
   - Report Name: *grafico_ventas_por_categorias*
   - Location: *C:\JasperReportsIntegration\reports\oracleapex*
   - File: *C:\JasperReportsIntegration\reports\oracleapex\grafico_ventas_por_categorias.jrxml*
   -

      Hacemos clic en el botón Next >
3. Query:

      Ingresamos la siguiente consulta SQL en el recuadro Query (SQL)

```
SELECT
      DEMO_PRODUCT_INFO."CATEGORY" AS NOMBRE,
      SUM(DEMO_ORDERS."ORDER_TOTAL") AS VALOR
FROM
      "CLARTECH"."DEMO_ORDERS" DEMO_ORDERS INNER
JOIN "CLARTECH"."DEMO_ORDER_ITEMS"
DEMO_ORDER_ITEMS ON DEMO_ORDERS."ORDER_ID" =
DEMO_ORDER_ITEMS."ORDER_ID"
      INNER JOIN "CLARTECH"."DEMO_PRODUCT_INFO"
DEMO_PRODUCT_INFO ON
DEMO_ORDER_ITEMS."PRODUCT_ID" =
DEMO_PRODUCT_INFO."PRODUCT_ID"
GROUP BY CATEGORY
```
      Hacemos clic en el botón Next >

4. Fields:
>   Mostramos todos los campos NOMBRE y VALOR
>   Hacemos clic en el botón Next >
5. Group by... No seleccionamos nada y hacemos clic en el botón Next >
6. Finish: Hacemos clic en el botón Finish

Eliminamos los sectores Column Header, Detail 1, Column Footer, Page Footer, ubicándonos encima de cada sector y con el botón derecho del mouse seleccionamos Delete Band.

Agregamos un Titulo al Reporte, con un fondo de color, para ello usamos la herramienta de Rectángulo.

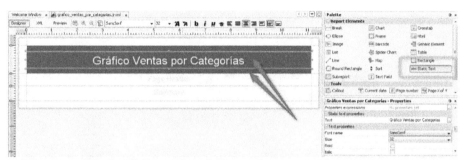

Figura 10.1. *Editando el Template en Blanco en iReport*

Desde el panel derecho, seleccionamos el icono Chart y lo arrastramos al Sector del *Summary*.

Al Soltar se abre una ventana emergente para la creación del Gráfico.

Seleccionamos *Stacked 3D* y hacemos clic en el botón Ok, de esa forma se inicia el asistente de creación:

1. Dataset: Main report dataset
   • Hacemos clic en el botón Next >
2. Series: Hacemos clic en el icono del lado derecho de "Dummy Series", se abre una ventana modal, eliminamos el texto "Dummy Series" y hacemos doble clic encima de NOMBRE Field String (mostrado en el cuadro central inferior) luego hacemos clic en el botón Apply.
   • Hacemos clic en el botón Next >
3. Categories and Values:

- Text category expression: $F{NOMBRE}
- Text value expression. It must return a numeric value: $F{VALOR}
- Hacemos clic en el botón Finish >

Agrandamos el gráfico y lo acomodamos en la región del Summary.

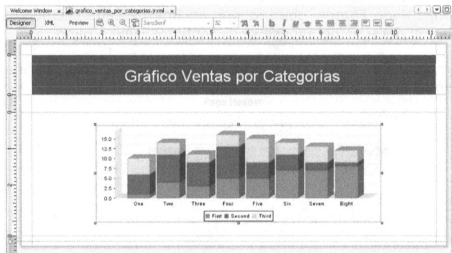

Figura 10.2. *Gráfico Ventas por Categorías en iReport*

Compilamos el reporte y vemos la pre-visualización del mismo.

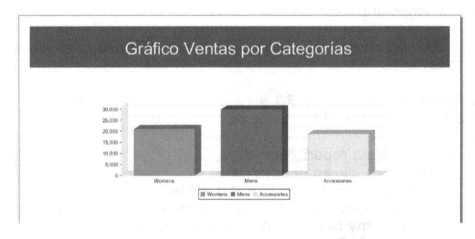

Figura 10.3. *Pre-visualización del Gráfico Ventas por Categorías en iReport*

1.2. Crear Parámetros Fecha Inicio y Fecha Fin

Vamos a crear dos parámetros que nos permitan filtrar los datos del gráfico para que nos muestre las ventas por categorías en un periodo de tiempo especificado por una Fecha de Inicio y una Fecha de Finalización.

Desde el iReport creamos los dos parámetros como siguen:

Name: Fecha_Inicio
Parameter Class: java.lang.String
Name: Fecha_Fin
Parameter Class: java.lang.String

Modificamos la Consulta SQL del Gráfico por la siguiente:

```
SELECT
     DEMO_PRODUCT_INFO."CATEGORY" AS NOMBRE,
     SUM(DEMO_ORDERS."ORDER_TOTAL") AS VALOR
FROM
     "CLARTECH"."DEMO_ORDERS" DEMO_ORDERS INNER JOIN
"CLARTECH"."DEMO_ORDER_ITEMS" DEMO_ORDER_ITEMS ON
DEMO_ORDERS."ORDER_ID" = DEMO_ORDER_ITEMS."ORDER_ID"
     INNER JOIN "CLARTECH"."DEMO_PRODUCT_INFO"
DEMO_PRODUCT_INFO ON DEMO_ORDER_ITEMS."PRODUCT_ID" =
DEMO_PRODUCT_INFO."PRODUCT_ID"
WHERE ORDER_TIMESTAMP BETWEEN  $P{Fecha_Inicio} AND
$P{Fecha_Fin}
GROUP BY CATEGORY
```

Agregamos dos campos de texto estático para mostrar la Fecha Inicio y la Fecha Fin con sus respectivos parámetros.

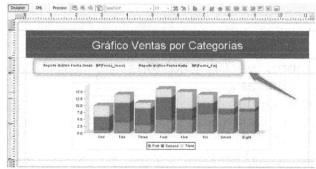

Figura 10.4. *Gráfico con Filtro de Fechas en la Vista Diseño*

Ejecutamos la pre-visualización del gráfico, asignando por ejemplo las fechas:

Fecha_Inicio: 1-Sep-2015 y Fecha_Fin: 30-Sep-2015

Figura 10.5. *Pre-visualización del Gráfico con Filtro de Fechas*

Ahora es momento de crear el gráfico en nuestra aplicación en Apex.

Creamos una página en blanco y luego una región de tipo contenido estático.

Dentro de la región creamos dos elementos de página para la Fecha Inicio y la Fecha Fin y en máscara de formato ingresamos: DD-MON-RR en ambos elementos de página.

Creamos una región de tipo Gráfico, el cual indicamos que la región principal es "Mi Reporte Gráfico" y la plantilla que sea "Blank with Attributes".

Hacemos clic en Serie --- Nuevo

1. En la Sección Identificación
    o Nombre: ventas_categorias
    o Tipo: Barras
2. En la sección Origen
    o Tipo: Consulta SQL
      Consulta SQL:
      ```
      select null, p.category nombre,
      SUM(oi.quantity * oi.unit_price) ventas
      ```

```
      from demo_orders o, demo_order_items oi,
      demo_product_info p
      where o.order_id = oi.order_id
      and oi.product_id = p.product_id
      and o.order_timestamp between :P4_FECHA_INICIO
      and :P4_FECHA_FIN
      group by p.category order by 3 desc
```

3. Hacemos clic en el botón Guardar

1.3. Crear Botones

Creamos un botón en la región para generar el gráfico en Apex que lo llamaremos GENERAR_GRAFICO y otro botón para llamar al procedimiento que permita pasar los parámetros al reporte en iReport y mostrarlo en nuestra aplicación que lo llamaremos IMPRIMIR_GRAFICO.

1.4. Crear Procedimiento Imprimir Gráfico

Del mismo modo como hemos creado los procedimientos anteriores, creamos el procedimiento para generar el reporte de tipo Gráfico:

Código PL/SQL:

```
declare
  l_additional_parameters varchar2(32767);
BEGIN
  -- set the url for the j2ee application
  -- better retrieve that from a configuration table

xlib_jasperreports.set_report_url('http://localhost:80
80/JasperReportsIntegration/report');

  -- construct addional parameter list
  l_additional_parameters := 'Fecha_Inicio=' ||
apex_util.url_encode(:p4_fecha_inicio);
  l_additional_parameters := l_additional_parameters
|| '&Fecha_Fin=' ||
apex_util.url_encode(:p4_fecha_fin);


-- call the report and pass parameters
  xlib_jasperreports.show_report (
```

```
         p_rep_name                  =>
'oracleapex/grafico_ventas_por_categorias',
         p_rep_format                =>
xlib_jasperreports.c_rep_format_pdf,
         p_data_source               => 'default',
         p_additional_params    =>
l_additional_parameters);

-- stop rendering of the current APEX page
  apex_application.g_unrecoverable_error := true;
end;
```

Especificamos que se ejecute el proceso cuando presionamos el botón "Imprimir Gráfico", vamos a la Sección Condición en el panel derecho de propiedades del procedimiento y en "Si Se Hace Clic en el Botón" seleccionamos IMPRIMIR_GRAFICO, finalmente guardamos los cambios haciendo clic en el botón Guardar.

Ejecutamos la aplicación e ingresamos el siguiente periodo de fechas:

- Fecha_Inicio: 1-Nov-2015 y Fecha_Fin: 15-Nov-2015

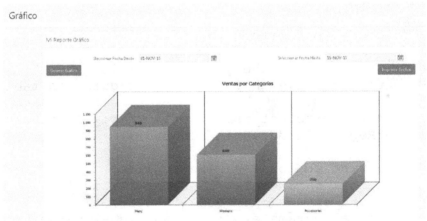

Figura 10.6. *Reporte Gráfico en Apex*

Hacemos clic en el botón Imprimir Gráfico para visualizar el reporte en PDF.

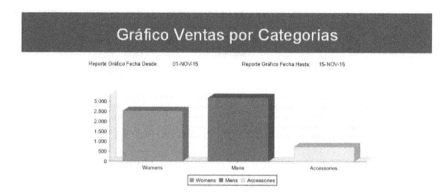

Figura 10.7. *Llamada del Reporte Gráfico desde Apex*

Como podemos ver, la creación de diferentes tipo de reportes, ya sean de tipo listado o de tipo gráficos son muy sencillos de realizar en iReport y aún más sencillo de implementar su invocación en Oracle APEX usando el JasperReports Integration kit.

Conclusión

A lo largo de toda esta guía has aprendido cómo puedes generar reportes visualmente atractivos y profesionales listos para ser impresos desde nuestra aplicación en Oracle APEX, usando el kit de JasperReports Integration y la herramienta de diseño de reportes para JasperReports el iReport Designer, siendo esta opción una alternativa sin costo para la impresión de reportes.

La Tecnología avanza a pasos gigantescos y lo que hoy puede ser una buena alternativa de uso, mañana puede que no sea así. Por ello, es tan importante tener el deseo siempre de investigar y aprender.

Si esta guía te sirvió para sembrar en ti la semilla de las ganas de seguir aprendiendo, puedo sentirme feliz de que el libro cumplió su función.

Nunca dejes de aprender, celebra el poder hacerlo cada día de tu vida y comparte lo que aprendes con la humanidad, eso es lo más hermoso que podemos hacer como seres humanos.

Ing. Clarisa Maman Orfali
clarisa@clartechsolutions.com

www.ingramcontent.com/pod-product-compliance
Lightning Source LLC
Chambersburg PA
CBHW060158060326
40690CB00018B/4156

* 9 7 8 1 5 2 3 3 8 1 1 6 6 *